武昌历史文化丛书 编委会／编

【武昌历史文化丛书】

辛亥武昌首义文物
Xinhai Wuchang Shouyi Wenwu

辛亥革命武昌起义纪念馆 编
魏德勋 主编
黄春华 张艺军 副主编

武汉出版社
Wuhan Publishing House

(鄂)新登字 08 号

图书在版编目(CIP)数据

辛亥武昌首义文物 / 辛亥革命武昌起义纪念馆编. —— 武汉：武汉出版社，2021.6
(武昌历史文化丛书)
ISBN 978-7-5582-4616-6

Ⅰ.①辛… Ⅱ.①辛… Ⅲ.①辛亥革命-革命文物-图录 Ⅳ.①K871.6

中国版本图书馆 CIP 数据核字(2021)第 092164 号

辛亥武昌首义文物

编　　者：辛亥革命武昌起义纪念馆
出 品 人：朱向梅
策划编辑：胡　新
责任编辑：李　俊
封面设计：马　波
出　　版：武汉出版社
社　　址：武汉市江岸区兴业路 136 号　　　邮　编：430014
电　　话：(027)85606403　85600625
http://www.whcbs.com　　E-mail:zbs@whcbs.com
印　　刷：湖北新华印务有限公司　　经　销：新华书店
开　　本：787 mm×1092 mm　1/16
印　　张：16.5　　字　数：330 千字
版　　次：2021 年 6 月第 1 版　2021 年 6 月第 1 次印刷
定　　价：88.00 元

版权所有·翻印必究
如有印装质量问题,由本社负责调换。

编委会

名誉主任 刘 洁 余 松
主 任 林 军
副主任 周 明 王兴文 王红专 甘世斌 刘重武
委 员 李远华 王汉军 杨水才 何学军
　　　　　 孙志翔 宋 杰 易振波 葛文凯

专家委员会

顾 问 章开沅 冯天瑜
主 任 马 敏 严昌洪
委 员（按姓氏笔画为序）
　　　　　 田子渝 朱 英 刘玉堂 刘庆平
　　　　　 李卫东 李少军 李良明 何祚欢
　　　　　 罗福惠 周洪宇 周积明 张笃勤
　　　　　 郭 莹 敖文蔚 姚伟钧 涂文学

序 一
Preface

"求木之长者，必固其根本；欲流之远者，必浚其源泉。"一个城市的生命和灵魂，来自深厚的历史底蕴与坚实的文化内核；一个城市的品位和底气，离不开强大的文化自信与不竭的创新动力。挖掘历史资源、激活文化基因，事关精神命脉的传承，事关城市的永续发展。

有着近一千八百年建城史的武昌，历史悠久，文脉绵长。在这里，一座古城，风韵悠然，阔步前行，穿越千年沧桑；一处名楼，文人墨客，咸集诗赋，各领绝代风骚；一件大事，辛亥首义，敢为人先，改变中国历史；无数英豪，指点江山，前仆后继，浴血谱写辉煌。因为有了历史和文化的充分滋养，武昌始终生机勃勃、活力无限，为荆楚文化在中华文明总谱系中留下独特的基因和符号提供了丰富的给养。这片有着绚烂历史和强烈魅力的土地，一直等待着我们去发现、去感受、去领略、去彰显。

正因如此，我们有优势、有情怀，更有责任、有义务弘扬武昌的优秀历史文化，把武昌故事讲好，把武昌自信提升好，把武昌力量凝聚好。与其他展示武昌历史文化的论著不同，这套丛书全面系统梳理了多年散落在民间、口口相传的武昌老故事，通过精心的考证，深入挖掘其中蕴含的思想观念、人文精神和道德规范，并适应时代发展进行继承和创新，凸显出武昌发展的个性和魅力——从这个层面上讲，这套丛书的意义已经远远超出了文史资料的价值，它是武昌文脉的复现，为活化武昌文化遗产、树立武昌城市精神、提振市民精气神将作出独有的贡献。

辛亥武昌首义文物

　　丛书立足武昌历史根脉，突出武昌文化核心元素，在时间上自公元223年孙权建筑夏口城起至20世纪60年代，在空间上以武昌区现在的行政区划为主，分为"综合""武昌人物""武昌风物""武昌景物""武昌文物"和插画版"武昌指南"六个系列，将为武昌发展作出重大贡献的历史人物、影响历史进程的重大事件与武昌地域特色文化相结合，用群众喜闻乐见的语言讲历史故事、叙文化传统、说武昌古今。本书内容上具备理论高度、学术价值和思想深度，形式上明白晓畅，通俗易懂，能够激起读者情感共鸣，兼具历史性、时代性、知识性、可读性与权威性，可谓宣传推介武昌的集大成之作。

　　今天，武昌的经济体量已进入"千亿级"时代，站在新的起点，文化软实力正是提升我们综合竞争力和可持续发展能力的关键因素。习近平总书记说，"文化自信是一个国家、一个民族发展中更基本、更深沉、更持久的力量"，在建设创新型城区和国家中心城市核心区的征程上，我们更要"以古人之规矩，开自己之生面"，更要坚守中华文化立场，传承中华文化基因，展现中华审美风范。愿我们携起手来，共同努力，让传统文化与现实文化相融相通，让个体情感与集体情感同频共振，为新时代武昌的改革创新发展注入每一个人的家国情怀！

　　为策划、编纂和出版这套丛书，一大批专家学者以及许多市区老领导、政协委员都倾注了深厚的感情，为丛书的诞生奠定了坚实的基础，在此，由衷感谢他们为发展、延续武昌历史文化付出的巨大心血！

刘　洁
2018年12月

序 二
Preface

酝酿已久的《武昌历史文化丛书》终于要正式出版了,作为一个历史工作者和这套丛书的专家委员会主任,我感到由衷的高兴,十分乐意借写序的机会,同大家分享一下我的几点感想。

第一,为什么要出版《武昌历史文化丛书》?

武汉三镇之中,当属武昌的历史最为悠久,早在春秋战国时期,楚国就在这一地区设有封君夏侯。三国时期,孙权将东吴政治中心迁鄂(今鄂州市),寓"以武而昌"之意,改鄂名为"武昌",这是武昌之名的由来。公元223年,孙权在江夏山(蛇山)筑夏口城,从而开启了武昌古城的历史,至今已近一千八百年。从元代设湖广行省起至清末,武昌一直是省级大区域行政中心。北伐战争后,改武昌县为武昌市。1927年,武汉三镇在行政区划上正式统一为一市。1949年武昌解放后,成为中共湖北省委、省人民政府所在地,在1952年调整区划后,正式成立武昌区人民政府。

千百年来,武昌因其独特的地理区位,始终处于社会变革的最前沿,承载着中华民族波澜壮阔的历史变迁,书写着气势磅礴的历史画卷。武昌人文底蕴深厚。屈子行吟,崔颢题诗,李白唱和……近代以来,张之洞督鄂,兴实业,办教育,练新军,新旧学堂并起,东西文化交融,风气大开,武昌由此奠定了全省文化中心的地位,诚如张之洞题黄鹤楼楹联中云:"昔贤整顿乾坤,缔造先从江汉起；今日交通文轨，登临不觉亚欧遥。"武昌自然风光秀丽。东湖、沙湖、紫阳湖等，妩媚多娇；洪山、蛇山、珞珈山等，玲珑别致；黄鹤楼、宝通寺、长春观等，景色优美。山灵水秀，人文荟萃，让武昌成为最适宜居住的城区。

武昌历史悠久、文化厚重、科教区位优势明显，是武汉的城市文化名片，而《武昌历史文化丛书》正是一套向世人充分展示武昌这座历史文化名城的独特魅力和风采的作品。

第二，如何编好《武昌历史文化丛书》？

武昌是武汉文脉沉淀之地，积累了丰厚的文化资源，如黄鹤楼文化、辛亥首义文化、名人文化等，此前也有若干零星介绍武昌历史文化的图书，而这套丛书则是第一次全面系统梳理千年古城的历史文化、系统挖掘武昌历史文化资源的重要工程。

本丛书在整体设计上分为六个系列，形式新颖，内容全面，体系完整，时间上从公元223年至1960年代；空间上以现有武昌区行政区划为主，必要时以历史上的大武昌概念为界定，将为武昌发展作出重大贡献的历史人物、影响历史进程的重大事件与武昌地域特色文化相结合，激活武昌文化基因，展现真实、立体、全面的武昌，集中呈现武昌深厚的文化底蕴。

在作者的选择上，着重选择了对武昌历史文化素有研究的专家学者；在内容上，利用新史料，体现研究新成果，集历史性、权威性、知识性、可读性于一体；在形式上，采取图文并茂的形式。

第三，编撰《武昌历史文化丛书》的意义何在？

习近平总书记在党的十九大报告中指出："文化兴国运兴，文化强民族强。没有高度的文化自信，没有文化的繁荣兴盛，就没有中华民族伟大复兴。"只有对自身文化有高度的自信，才可能带来武昌的繁荣兴盛。在新时代下，启动这套丛书的编撰，既体现了武昌区委、区政府的远见，也可谓正逢其时。

该丛书既是在新时代第一次全面、系统挖掘武昌历史文化资源的重要文化工程，也是响应市委、市政府建设"历史之城、当代之城、未来之城"号召的实践成果，更是加快建设现代化、国际化、生态化大武汉，全面复兴大武汉的具体举措，功在当代，利在千秋。

本丛书立足武昌，深入挖掘其中所蕴含的思想观念、人文精神、道德规范，并结合时代要求继承创新，突出展示武昌最具特色的核心文化元素，集中挖掘城区的文化根脉，讲好武昌故事，传承历史文化记忆，对于传承武昌区优秀的历史文化、提升居民文化自信、推进城区文化建设具有重大的现实意义，必然成为武汉市打造国家中心城市和世界亮点城市规划中绚丽的一环。

关于学习历史的意义，习近平总书记在中央党校建校80周年庆祝大会暨2013年春季学期开学典礼上讲道："学史可以看成败、鉴得失、知兴替。"从武昌悠久、丰厚的历史文脉当中，我们也一定可以看清她的成败、得失、兴替，从而以更加清醒的头脑和更为厚重的历史感，借改革开放四十年的东风，更好地了解武昌、建设武昌、发展武昌。

  是为序。

马　敏

2018 年 12 月于武昌桂子山

前言
Foreword

　　2021年是中国共产党建党100周年、辛亥革命110周年,一个具有重要纪念意义的年份。110年前,武昌首义枪响,辛亥革命爆发,全国各省纷纷响应,很快推翻了在中国延续了2000多年的封建专制制度,使民主共和观念逐步深入人心,开启了近代中国发展进步的新潮流。

　　武汉是辛亥革命首义之区,辛亥革命武昌起义纪念馆是辛亥革命及其文物资料的收藏、保护、研究、展示和教育中心,承担着宣传和弘扬辛亥首义文化和首义精神的重要职责。为纪念辛亥革命110周年,该馆联合辛亥革命博物馆,从馆藏文物中挑选出精品文物,力图通过一件件瓷器、徽章、衣服、日记、书画等有关辛亥革命历史物件,挖掘文物背后的故事、文物流传和收藏经历,以及文物所蕴含的价值,展示隐藏在文物中的相关历史细节,凸显辛亥首义历史的厚重与沧桑,弘扬辛亥志士们为振兴中华而"敢为天下先"的首义精神。

　　在这批文物中,有辛亥革命领袖人物的书画,如孙中山的"博爱"手迹,黄兴抄录的爱国诗篇;有反映革命背景的历史遗迹,如"汉阳兵工厂界碑""大法国租界"石碑等；有反映革命军使用的武器"汉阳造"步枪；有反映革命烈士为了振兴中华甘愿抛头颅、洒热血的可歌可泣英雄事迹的文物，如"刘静庵烈士画像""王汉烈士画像"；有反映革命志士在枪林弹雨中英勇杀敌，不怕牺牲的"血衣"；有革命功臣用过的印章，还有反映历史伟人、名人出身背景、家族源流的《黄氏家谱》、《黎氏族谱》；书中还收录了清朝大臣张之洞、民国总统黎元洪，参与辛亥革命的立宪派代表人物谭延闿、汤化龙等人的书法真迹等。

本书在撰写的过程中，一方面力求所传达的文物相关信息的准确性，希望能为文博同仁们提供有价值的参考；另一方面在此基础上，力求用平实质朴的语言讲述文物及其背后的故事。每件文物配以两至三张高清照片，以文释图，以图证文，激发读者的兴趣，希望更多读者喜欢。

辛亥革命武昌起义纪念馆馆长、党委书记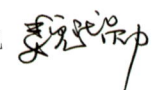

2021 年 3 月

目录 /Contents

一、瓷器 玻璃器皿 / 001

彭汉遗赠孙中山粉彩开光山水人物图索耳花盆 / 002

"陆军第八镇制"粉彩高足盘 / 004

粉彩双旗纹九子碟 / 006

民国粉彩三旗"光复大汉纪念"字纹瓶 / 008

粉彩双旗纹笔筒 / 010

粉彩双旗纹提梁茶壶 / 012

"大汉复光"双旗纪念瓷执壶 / 014

粉彩双旗纪念瓷杯 / 016

粉彩五色旗新时装人物图诗文狮耳掸瓶 / 019

墨彩蔡济民肖像瓷板 / 021

夏道南赠张振武酒杯 / 023

二、书 画 / 025

孙中山为曹亚伯题"博爱"横披 / 026

孙中山为王和顺题"博爱"横披 / 028

黎元洪为黄申芗之母题"得天独厚"横披 / 030

张难先书赠南轩诗轴 / 032

黄侃为温楚珩题书楹联 / 034

张之洞书对联 / 036

孙中山为黄申芗之母题"福寿"中堂 / 038

黄兴赠吴崑四条屏 / 041

居正为喻育之题词轴 / 043

谭延闿书《总理遗嘱》墨迹 / 046

张荆野铁线书四条屏 / 048

汤化龙为炳堃题字对联 / 050

喻育之为辛亥革命武昌起义纪念馆开馆志庆题词轴 / 052

李灵珈绘李次生高擎义旗画像 / 054

1910年3月27日《舆论时事报图画》刊"窘哉徐尚书"时事画 / 056

三、证　　照 / 059

孙中山派李翊东往赣州办理要事令 / 060

孙中山任陈明为中国国民党湘鄂军事联络员委任状 / 062

袁世凯颁发给陆军少将熊秉坤的勋五位证书 / 064

黎元洪副总统颁给熊继贞的首功执照 / 066

黎元洪副总统颁给傅元恺的首功执照 / 068

黎元洪副总统颁给胡宪章的首功执照 / 070

辜文斌的辛亥首义同志会会员证书 / 072

萧鸿升的辛亥首义同志会会员证书 / 074

张玉山的辛亥首义同志会会员证书 / 076

张金榜的辛亥首义同志会会员证书 / 079

金华庭的辛亥首义同志会会员证书 / 081

钟明发的辛亥首义同志会会员证书 / 083

黄正文的辛亥首义同志会会员证书 / 085

戴宝珊的辛亥首义同志会会员证书 / 087

汪开顺的辛亥首义同志会会员证书 / 089

徐元音的共和党证书 / 091

四、徽　章 / 093

孙中山先生纪念章 / 094

孙中山先生安葬纪念章 / 096

清"湖北谘议局议员"证章 / 098

湖北都督府办公证 / 100

鄂军教导团徽章 / 102

共和党徽章 / 104

进步党徽章 / 106

熊秉坤勋五位章 / 108

黎元洪奖鄂军教导团武功银章 / 111

文虎勋章 / 113

中华民国元年纪念章 / 115

黎元洪赠武汉纪念章 / 117

黎元洪赠起义国庆章 / 119

光复纪念章 / 121

程天佑退伍纪念章 / 123

1912年黎元洪赠红十字武汉纪念章 / 125

缔造中华襟章 / 127

易尚斌铁血将校退伍纪念章 / 129

辛亥首义同志纪念章 / 131

五、石　刻 / 133

"大法国租界"石碑 / 134

"英商华昌洋行"石碑 / 136

"湖北省城高等审判厅"石额 / 138

清"总办湖北清察局"碑 / 140

"武昌纺纱局地界"石碑 / 142

"汉阳兵工厂界"石碑 / 144

1935年"汉阳兵工厂界"碑 / 147

"湖北省议会南界"石碑 / 149

"起义门"石额 / 151

"国殇"石碑 / 154

共和纪念石鼓 / 156

六、印　章 / 159

熊秉坤黄铜姓名印（对章）/ 160

李翊东两方姓名印 / 162

朱和中象牙姓名印 / 165

鲁俊英鸡血石闲章"悟痴子" / 167

夏校青田石两面印 / 169

七、家谱　文书 / 171

《经铿黄氏家谱》/ 172

《伦敦被难记》/ 174

《孙中山先生手札墨迹》/ 176

余诚日记本 / 179

《劝学篇》/ 181

《武昌开国实录》/ 183

《峭谷诗稿》/ 186

《松坡军中遗墨》/ 188

《汉口市政建筑计画书》/ 190

李志新编印《辛亥首义同志会会员名册》及辛亥名人题词手册 / 192

《辛亥湖北武昌首义事前运动之经过暨临时发难之著述》稿本 / 194

辛亥首义工兵第八营前队生死同志花名册 / 196

辛亥首义同志会工兵第八营八月十九首先开枪发难及阳夏战争阵亡及亡故同志姓名册 / 199

民国铁血军养济院伤废军士姓名清册 / 201

喻育之手书《在东京参加同盟会的湖北人名单》/ 203

《辛亥首义同志会会员名册》/ 205

《江汉日报》/ 207

《国是》报 / 209

《大汉报》/ 211

八、杂　件 / 213

严守中立布告照 / 214

黄陂民间艺人创作的辛亥革命年画木雕印版 / 217

黄兴读书时用过的镇尺、笔架、端砚 / 220

黄兴穿过的呢子睡衣 / 222

黄兴为叶于兰题"城南医院"木匾 / 224

黎元洪赠鲁俊英"清廉可嘉"匾额 / 226

黄祯祥血衣 / 228

张难先砚台 / 230

蓝天蔚使用的皮箱 / 232

中华民国陆军部待发行的一元军事用票式样 / 235

放足牌 / 237

小平板照准仪 / 240

中华民国临时副总统海陆军大元帅兼鄂都督黎公文袋 / 242

"汉阳造"步枪 / 244

后　记 / 246

一、瓷器 玻璃器皿

辛亥武昌首义文物

○彭汉遗赠孙中山粉彩开光山水人物图索耳花盆

彭汉遗赠孙中山粉彩开光山水人物图索耳花盆,一级文物。民国初年景德镇民窑粉彩瓷器。粉彩、白地。撇口,八角腰鼓形,通高23厘米,口径与底径皆20.5厘米,腹径14厘米,底部孔径1.4厘米,胎壁厚2.2厘米。胎质细腻坚致,釉色青白,除圈足外,通体罩施透明釉,润泽如玉。

花盆正面堆塑开光，内绘山水图，纹饰上方署竖排墨彩行楷铭文"中华民国元年四月中山先生永寿　彭汉遗私觐"，其中"中山"二字被人为磨损，但仍依稀可见。后有一方朱文款印。背面堆塑开光，内绘竹林高士图。左侧面绘五色旗与十八星旗交叉的双旗图案，图案略显模糊，但可辨认。右侧面署竖排墨彩行楷"浔阳豫昌改良监造"。其两侧中上部分别堆塑描金索耳各一只，并绘折枝花各一朵，四面抹角处各堆塑描金松鼠葡萄纹一组，口沿、近足处、足部有三道描金弦纹。花盆装饰新颖精美，彩绘淡雅清丽，工笔画工精细，书法行云流畅，且集书、画、印于一体，文雅俊秀，蕴含丰富的历史文化气息。

彭汉遗（1875—1937），字述先。湖北广济（今武穴）人。1905年入日本东京法政大学留学，后参加共进会。1907年回国，协同孙武组织革命团体共进会湖北分会，任外交部部长。1911年参加武昌起义，后出任湖北军政府司法部副部长。1912年1月，当选南京临时政府参议院参议员。4月随孙中山访问武汉。1913年，被选为国会众议院议员。先后加入民社、共和党。1917年，护法运动兴起，彭响应孙中山号召，南下广州，参与非常国会。1922年，国民政府恢复国会，彭回北京仍任议员。1923年退出政界，回原籍教书。1937年病逝。

1912年4月9日至12日，孙中山应邀访问首义之区——武汉，彭汉遗陪同随访。访问期间，为表达对孙中山先生的仰慕之情和美好祝愿，彭汉遗将事先特意定制的花盆——粉彩开光山水人物图索耳花盆，以私人的名义赠送给孙中山，以作纪念。这件文物印证了追随孙中山的湖北革命党人与领袖之间深厚的革命交谊，具有较高的历史、艺术价值。

该花盆2003年收购于湖北省文物总店，现藏于辛亥革命武昌起义纪念馆。

撰稿：张艳平

○"陆军第八镇制"粉彩高足盘

　　"陆军第八镇制"粉彩高足盘，三级文物。清朝湖北新军生活用品瓷器。盘面呈椭圆形，花口、高足。盘面长轴25.4厘米，短轴23.6厘米。足径15.4厘米，盘高9.5厘米。盘面有崩口、精伤、水碱，盘足有一口磕。在白地盘面上绘有两幅粉彩工笔画的图案纹饰，一幅为清朝国旗黄龙旗与清朝陆军军旗交叉图，一幅为细柳营图，两幅图旁均有一折枝花装饰，另有墨彩隶书的"细柳营"字样。盘足面一圈有墨彩隶书的"陆军第八镇制"字样。

陆军第八镇是清朝末年最早编练的近代化陆军之一。中日甲午战争后，清政府为加强陆军力量，下令由湖广总督张之洞、直隶提督聂士成、温处道袁世凯等人编练新式陆军，"习洋枪，学西法"。1895年张之洞由署理两江总督回任湖广总督，以500名自强军为基础，参照德国军制，招募兵士补足两营额数，编成湖北护军，委任吴殿英为司衔监操官，编练新军，湖北新军由此发端。经过数年扩军，到1904年编成第一镇和第二镇。1906年经练兵处核议，第一镇改为暂编第八镇，张彪任统制；第二镇改为暂编第二十一混成协，黎元洪任协统。清末新军编制，"镇"相当于师，"协"相当于旅，湖北新军的一镇一协共有官兵1.6万余人，成为当时实力仅次于袁世凯北洋军的军事力量。湖北革命党人正是利用新军士兵文化程度较高、容易接受新思想这一特点，确立了"抬营主义"的革命策略。武昌起义爆发前夕，约三分之一的下级军官和士兵加入革命团体文学社或共进会。1911年10月10日，武昌起义第一枪即是由陆军第八镇工程第八营士兵打响。

细柳营是指西汉名将周亚夫当年驻扎在细柳（今陕西咸阳西南）的军营。公元158年，匈奴军臣单于率兵进犯，汉文帝立即派三路人马前去抵抗，其中河内守周亚夫驻扎细柳防守。驻防期间，周亚夫治军严明、军令严整，因其治军有方，最终赢得了胜利，周亚夫的部队被称为细柳营。后人常用"细柳""细柳营"等比喻军纪严明、令行禁止的军队或军营。

此盘画工细腻，风格清新淡雅，书法工整严谨，制作精美，瓷盘上的"细柳营"三字用以示明第八镇军纪严明。

该盘原属武汉大学法律系教师赵毅的外祖父吴兰墀所有。吴兰墀，湖北武昌县金口（今武汉市江夏区）人，曾参加过辛亥革命。后将该物转交赵毅手中。1985年1月，赵毅将该盘捐赠予辛亥革命武昌起义纪念馆。

撰稿：张艳平

○粉彩双旗纹九子碟

粉彩双旗纹九子碟,三级文物。民国初年民间窑厂烧制的共和纪念瓷。粉彩、白地、花口描金。高 2 厘米,纵 28.2 厘米,横 29 厘米,各碟内均绘有由铁血十八星旗和五色旗组成的双旗图案,九个小碟组合在一起呈现为正方形。中心为一正方形小碟,纵、横各 10.5 厘米,双旗纹饰上方有横排墨彩行书"光复大汉"字样。四周围有四只倭角等腰五角形碟,纵 8.6 厘米、横 14.1 厘米,其外另有四只稍大倭角等腰四角形碟,双旗图案上方有横排墨彩行书"纪念"字样。

共和纪念瓷，特指中华民国成立后，为纪念辛亥革命和民主共和，民间烧制的以辛亥革命为主题、且带有明显纪念标志的一类瓷器。这类瓷器器型多以瓷板、瓶等陈设瓷及碗、盘、碟、杯、盒、坛、罐、茶壶、笔筒、帽筒等日常生活用品为主。共和纪念瓷最大的特点是图案上绘有交叉放置的双旗纹饰，一面是五色旗，一面是铁血十八星旗。器物醒目处多写有"纪念"二字，以粉彩瓷为主，也有少量青花瓷。这类瓷器虽质量参差不齐，但具有鲜明的时代特征及特定的历史价值和纪念意义。

此套九子碟上的双旗图案由五色旗和铁血十八星旗组成。五色旗又称五族共和旗，是中华民国成立到北洋政府时期使用的国旗，旗面自上而下为红、黄、蓝、白、黑的五色横条，分别代表汉、满、蒙、回、藏五个民族，象征五族共和。1928年，东北易帜后，"青天白日满地红"旗取代五色旗成为民国国旗。

铁血十八星旗，简称十八星旗，又称"九角十八星旗""九角旗""首义之旗"，是武昌起义胜利的标志。旗面图案由红底、黑九轮角和18颗小黄圆星组成。红底、黑九轮寓意"铁血精神"，黑九角代表九州大地，18颗小黄圆星寓意山海关内十八行省的炎黄子孙拿起武器，用鲜血与生命推翻清王朝的封建统治，建立民主共和国。1911年10月10日，武昌起义爆发，当晚起义军迅速占领武昌城并将十八星旗插在了蛇山之巅和湖北谘议局门首，成为当之无愧的"首义之旗"。1912年5月经临时参议院议决，定为陆军军旗，护法战争后弃用。

此套粉彩双旗纹九子碟，是共和纪念瓷器中的精品，品相完美，具有较高的收藏和研究价值。2003年收购于湖北省文物总店，现藏于辛亥革命武昌起义纪念馆。

撰稿：张艳平

○民国粉彩三旗"光复大汉纪念"字纹瓶

　　民国粉彩三旗"光复大汉纪念"字纹瓶，一对，三级文物。撇口、圆肩、筒形腹、平底，通高 45 厘米，瓶口直径 15.4 厘米，正面均绘有粉彩三旗纹交叉放置的图案，其中一瓶五色旗居中并向右飘扬，左为青天白日满地红旗，右为十八星旗；另外一瓶五色旗居中并向左飘扬，左为十八星旗，右为青天白日满地红旗。瓷瓶三旗纹饰下方均横排题书"纪念"字样，瓶颈处白地均横排题书"光复大汉"字样。瓶背面留白处竖排题书"光复大汉 岁在壬子秋 做不如法

民国元年 义盛作"的字样，其后有两方红色小印，所有字体均为行楷。

　　五色旗是北洋政府时代的中华民国国旗，红、黄、蓝、白、黑五色表示汉、满、蒙、回、藏五族共和。青天白日满地红旗是继五色旗后的中华民国国旗，1893年由陆皓东设计出青天白日旗，之后孙中山加入红色成为本旗，以作为兴中会组织起义时使用的义旗。武昌起义后，广东省使用该旗作为义旗。1924年6月30日，中国国民党中央执行委员会决定以青天白日满地红旗为中华民国国旗。1928年12月17日，国民政府将其改定为中华民国国旗，统一使用于全国各地。十八星旗全称"铁血十八星旗"，又称"九角十八星旗""九角旗"。旗面为红地，正中一颗大黑九角星，九角星内、外角的顶端，各缀有九颗黄色小圆星，图案寓意"铁血精神"，表示号召九州大地民众觉醒，联合山海关内十八个行省的炎黄子孙，拿起武器，坚决以热血"驱除鞑虏，恢复中华"，反映出辛亥革命特定的历史背景。两湖革命党人和响应武昌起义的部分省份使用的是十八星旗，苏、沪、浙的响应之师打出的多为五色旗，广东革命党人打出的是青天白日红旗。

　　该瓶现藏于辛亥革命博物馆。

撰稿：胡伟

辛亥武昌首义文物

○粉彩双旗纹笔筒

粉彩双旗纹笔筒，三级文物。中华民国初年纪念瓷器。圆筒形，通高10.5厘米，口径6.3厘米，底径6.3厘米，壁厚0.5厘米。正面白地上绘粉彩双旗图案，纹饰上方有横排"纪念"字样，背面留白处有竖排"大汉光复"字样，署有"写于癸年毒月，伍泉鑫作"款识，均为墨彩行书，落款旁有一朱文印章，底部有"伍泉鑫号"朱文印章。"癸年毒月"，癸年，阳历中末尾数字是"3"的年份，毒月即农历五月。1912年中华民国临时政府在南京成立，结合该器物的文字内容，此器应为1913年6月烧制的瓷器。

辛亥革命推翻了清政府、终结了在中国延续了两千多年的封建专制制度、建立了中华民国，开创了中国近代历史发展的新纪元。为纪念这一划时代的重大事件，民国初年曾设计、制作了一批纪念辛亥革命、带有明显纪念标志的瓷器。其最大特点是绘有中华民国早期国旗——五色旗和中华民国陆军旗——九角十八星旗交叉的图案，并有醒目的"纪念"字样。这个笔筒即为当时的一件纪念瓷器。

"纪念""大汉光复"，表明此笔筒为庆祝汉族光复江山、建立民国而作。辛亥革命前，革命党人以"反清复明""反满兴汉"等为口号，动员民众推翻满族人建立的清政府、恢复汉室江山。因此，辛亥革命成功、民国建立后，有此类纪念瓷器出现。此处虽有大汉族主义的倾向，反映出辛亥革命特定的历史背景，但更多的是表达出庆祝民国建立的喜悦之情，以及对未来中国美好前途的憧憬之意。

该笔筒2003年收购于文物市场，现藏于辛亥革命武昌起义纪念馆。

撰稿：段君峰

○粉彩双旗纹提梁茶壶

　　粉彩双旗纹提梁茶壶，三级文物。民国初年纪念瓷器。圆筒形，曲流、璧足。高15.1厘米，口径7.1厘米，底径13.4厘米。正面白地上绘粉彩双旗图案，纹饰上方有隶书竖排"共和纪念"字样，旗杆左右横排楷书"拥护共和"字样。壶盖正中墨彩行书"年"字。曲流中间有一棱。壶底署有朱文"江西山青出品"堂名款。

从壶身文字可以看出，此壶是专为纪念共和制度在中国确立而烧制的，表达出民众拥护共和制度的心愿。此茶壶为常见的共和纪念生活用品瓷，具有一定的历史价值。

该壶2002年收购于文物市场，现藏于辛亥革命武昌起义纪念馆。

撰稿：段君峰

辛亥武昌首义文物

○ "大汉复光"双旗纪念瓷执壶

　　"大汉复光"双旗纪念瓷执壶，三级文物。民国时期茶具。直口，溜肩，折腹，下内收，平底。白地绘粉彩双旗图案，纹饰上方有"纪念"二字，背面横排墨彩行书"大汉复光"，一旁竖排题写"时在壬子之夏月 松节氏作"。壶盖内圈有"八大山人"字样，墨彩行楷。该折腹执壶为民国传统壶形，壶体有一处崩口，壶身有一处裂纹。

执壶，文献又称"注子"，形成于唐代中期，用作酒器。明代，执壶作为饮茶用具逐渐流行。民国时期，参考景德镇瓷器行业划分标准，茶壶应属琢器行粉定业，即茶壶这种多角形瓷器，不是一次成型，需以模型或手捏、刀刻、雕镶而成，再施以彩绘。从工艺上看，一件琢器的生产，要经历装坯、作坯、利坯、雕削、画坯、烧窑、彩绘、二次煅烧等程序。壶嘴和壶柄则是茶壶最见手艺的部分，壶嘴外部线条通常为直线、曲线结合，视觉上要有棱，内部则为曲线，所谓线条与功用相结合。

该茶壶线条流畅，造型规整，由"壬子年"题字可知，此壶为1912年烧制的共和纪念生活用品瓷，具有一定的历史价值。该壶2016年5月收购于湖南文物总店，现藏于辛亥革命武昌起义纪念馆。

撰稿：黄婧

○粉彩双旗纪念瓷杯

粉彩双旗纪念瓷杯，三级文物。直口、筒形腹、下腹部内收至底，圈足。高5.3厘米，口径6.1厘米，底径3厘米。胎色纯白，莹润如玉。正面绘有双旗图案，背面墨书"中华民国元年制"，后缀红彩"印"字。两侧竖排分别题写"共和""纪念"字样。杯底署有朱文楷体"湖南公司"款。杯沿用金粉描绘一圈，彩绘颜色艳丽，色彩鲜明。杯身有一道裂纹，口沿有一处崩口。

19世纪末20世纪初，受西方机制洋瓷倾销的冲击，中国瓷业呈现衰败景象。在生产技术革新的背景下，一些分散的陶瓷手工作坊逐渐转为机器生产，家庭手工制瓷模式逐步转变为工厂制瓷模式，旧的官窑管理体制迅速向公司制的改革道路迈进。各地新式制瓷公司如雨后春笋般涌现，如福建宝华制瓷公司、厦门钧窑瓷业公司、江西瓷业公司等。在湖南，名气最大的制瓷公司首推湖南瓷业公司，创建人为民国实业家熊希龄。熊希龄（1870—1937），字秉三，湖南凤凰人。清末曾参加百日维新运动，后充任出洋五大臣的参赞。辛亥革命后，拥护共和并加入中华民国联合会。1912年任唐绍仪内阁财政总长。袁世凯镇压二次革命后，出任中华民国首任国务总理兼财政总长。1914年以后转向慈善和教育事业。1918年建立北京香山慈幼院，其后投身抗日救国活动。1937年病逝。

1904年，熊希龄赴日考察实业，有感日本制瓷工业发达，遂与湘籍好友文俊铎赴醴陵考察。熊认为作坊式生产过于分散，窑户间无序竞争、管理混乱、制瓷原料浪费严重等原因严重阻碍了瓷器规模生产。考察过后，熊希龄在《为创兴醴陵瓷呈端方文》中提出"立学堂、设公司"的构想，得到湖南巡抚端方的支持。1905年湖南瓷业学堂开办，熊希龄任校长。1906年湖南瓷业公司筹办成立。在机器精工产瓷的同时，瓷业学堂为公司源源不断地输送人才。1906—1907年，湖南瓷业公司创烧出釉下五彩瓷器。这是一种全新的烧制技法，又名"三烧制"法：先将未施釉的坯胎放入窑中烧成素瓷；再将矿物颜料在素瓷上绘成图案后入窑烧制，使胎画结合紧密；最后在瓷画上施釉，然后高温烧成釉下五彩。与以往传统的釉上彩相比，釉下五彩不仅颜色艳丽，而且彩料不易脱落，经久耐用。1910年南洋劝业会上，湖南瓷业公司送展的釉下五彩瓷器拔得头筹，荣获一等金奖，醴陵瓷随之名扬海内外。

此杯虽不是釉下五彩，但也明显区别于粗瓷，应属湖南瓷业公司烧制的共和纪念精品瓷。若以民国元年的眼光审视，"湖南公司"的底款可谓是当时的新事物，表明从此之后，瓷器款识不再仅限于帝王年款和私家堂号名款，同时它也是清末民国瓷业发展变革的一个微小的历史注脚。

该瓷杯 2016 年 5 月收购于湖南文物总店，现藏于辛亥革命武昌起义纪念馆。

撰稿：黄婧

○粉彩五色旗新时装人物图诗文狮耳掸瓶

粉彩五色旗新时装人物图诗文狮耳掸瓶，三级文物。民国景德镇烧制瓷器。撇口、折肩、筒形腹、圈足、狮耳一对。高57.5厘米，口径19.5厘米，腹径23厘米，底径16.5厘米。口沿描金，粉彩、白地。瓶身绘有一幅踏春图，正面肩部绘有一座亭台，亭台上有一座白色两层洋楼，四扇褐色窗帘，一个褐色烟囱，两层楼房之间有一条褐色的装饰砖瓦，洋楼上悬挂五色旗一面；腹部亭台附近绿意盎然，花团锦簇；亭台台阶之下，画面左侧有三位着新时装的摩

辛亥武昌首义文物

登女子围着一个立着的花瓶，两名女子手指洋楼的方向，似在讨论着什么，另有一名小童手持五色旗；画面右侧有四位女子，其中最右侧的女子肩扛一名幼童、左手牵着一名小童，她们正看着台阶前方在玩弄一只小狗的两名小童。

图左上方、五色旗下方，署有洪步余书写的竖排墨彩行书题跋"金兔，庚申秋，洪步余作"，由此可知此瓶作于1920年，后有一方朱文款印。背面颈、肩部有竖排矾红行书文字"白楼之上，□时□霜，□象界□，不二昌用"，腹部有洪步余题作的竖排墨彩行书诗词："风涵雅致定徘徊，想是蟾宫峰下来。最爱晴和春景好，劝邀同伴踏春回"，后署"洪步余作"。

洪步余，生卒年不详，民国初年粉彩人物瓷画名家。此瓶为洪步余所作共和纪念精品瓷器，具有鲜明的时代特色。瓶身人物瓷画既体现出社会民众对民国建立的拥护和喜悦，也展示出当时女性从专制社会解放出来的仪态风貌，真实再现了中国女性服饰由清末古典服装向民国早期近代时装的转变，同时也反映了当时社会生活风貌。此瓶人物与背景构图巧妙精到，色彩柔和粉润，画面自然清新，书法流利雅致，书画均佳，颇具功力，具有一定的历史、艺术价值。

该瓶 2003 年 11 月在北京私人收藏家处收购，现藏于辛亥革命武昌起义纪念馆。

撰稿：段君峰

○ 墨彩蔡济民肖像瓷板

  墨彩蔡济民肖像瓷板，三级文物。民国时期陈设瓷。长方形制式，纵 38.8 厘米，横 25.7 厘米，胎厚 0.7 厘米。在白地瓷板上绘有一幅椭圆形墨彩工笔人物肖像，像主蔡济民西装革履、器宇轩昂，笔法工细、神形兼具。像左下有一方朱文印。背面有竖排的墨书行楷两行："老稚：我三五日定来看你，这块像作赠。□□ 6/3。"

蔡济民（1886—1919），原名国桢，字幼香，一作幼襄，后名济民。湖北黄陂人。1901年入湖北新军，后考入湖北陆军特别小学堂。不久升任新军第二十九标司务长、排长。1906年加入日知会。日知会被破坏后，在第二十九标组织将校研究团。后相继加入群治学社、共进会、文学社等革命团体，任第二十九标共进会代表，并加入中国同盟会，任同盟会湖北分会参议部长。曾力促共进会、文学社两大革命团体联合。1911年10月10日晚，蔡济民率领第二十九标士兵参与武昌起义，占领楚望台军械库，并协同攻打湖广总督署。武昌起义胜利后，积极参与创建鄂军都督府。历任军政府军务部参议长、副部长等职。阳夏战争中，蔡济民曾经率领士兵渡江作战，在汉口刘家庙取得胜利，被战时总司令黄兴誉为"鄂中军人之巨擘"。

1913年初，被任命为鄂军都督黎元洪的参谋长。"宋案"发生后，蔡济民在湖北参与组成改进团，主持反袁活动。失败后，逃往日本避祸，加入中华革命党。1915年4月奉孙中山之命，任湖北讨袁军司令长官，在湖北各地组织力量反袁。1916年春在武汉召集旧部举事，因配合不力而致失败。1917年被孙中山任命为护法军政府鄂军总司令，后出任鄂西靖国军总司令，继续在湖北利川进行护法军事活动。1919年1月28日在利川遇害。

此瓷板像制作时间不详。瓷板像以独特的方式再现了辛亥革命志士蔡济民英俊威武的风范。由于蔡济民存世遗物极少，此瓷板像具有重要历史意义和收藏价值。该瓷板像1986年由湖北省博物馆移交给辛亥革命武昌起义纪念馆。

撰稿：张艳平

○ 夏道南赠张振武酒杯

夏道南赠张振武酒杯,三级文物。透明玻璃质地,四尊。高 4.6 厘米,杯口直径为 5.2 厘米。每尊酒杯上皆刻写有"夏道南赠"字样。

夏道南（1883—1930），字熏阶，湖北嘉鱼人。早年曾就读武昌两湖书院，后弃笔从戎投入新军，在新军中从事秘密活动。1905年在日本加入中国同盟会，与宋教仁等创办《民报》。1909年湖北争路事起，与张伯烈一起被推为湖北留日学生代表回国，至省谘议局痛陈路权利弊。武昌起义后，回武昌任鄂军都督府顾问，后担任军务部参议长。在阳夏战争后期主张固守武昌。后创修武昌首义公园，并担任经理。1930年因病逝世。

张振武（1877—1912），原名尧鑫，字春山。湖北罗田人，寄籍竹山。早年入湖北省立师范学堂求学。1905年自费留学日本，加入中国同盟会。1907年归国宣传革命，1909年入共进会，协助孙武建立鄂省总部。武昌起义前夕指挥机关均遭破坏，于危难之中联络各方即时举义。鄂军都督府成立，以军务部副部长主持军务半月余，阳夏战争中亲赴前线督战。及汉阳失守，力排弃武昌之议。南北议和后，与孙武等发起组织民社。袁世凯委以总统府顾问，不就。1912年8月被袁世凯杀害于北京。张振武与孙武、蒋翊武同为武昌首义的重要领导人，被称为"首义三武"，均为民国初年的知名人物。

这套酒杯可能是夏道南和张振武同在鄂军都督府任职期间，夏道南赠送给张振武的礼物，反映了二人之间的紧密关系，也反映出辛亥革命时期生活用品的多样化，具有很高的历史价值和收藏价值。这套酒杯原为十尊，现只余六尊。

1985年张振武之孙张超将其中四尊捐赠予辛亥革命武昌起义纪念馆。

撰稿：袁磊

二、书 画

○孙中山为曹亚伯题"博爱"横披

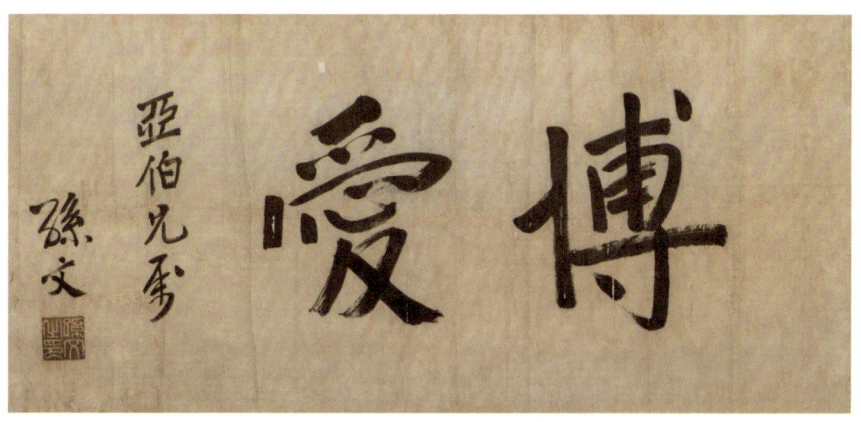

　　孙中山为曹亚伯题"博爱"横披,二级文物。民国书画作品,纸质。纵55厘米,横167厘米。"博爱"后面书写"亚伯兄属",落款"孙文",后钤"孙文之印"白文印。

曹亚伯（1875—1937），原名茂瑞，字庆云，湖北兴国（今湖北阳新）人。1889年，受《格物探源》新思想启蒙，加入基督教，在传教士的指导下学习英语。1897年前后，考入武昌农务学堂，补博士弟子员。1900年，转学两湖书院，与黄兴、周震麟同班，同吕大森、宋教仁、陈天华交往密切。1904年7月，与刘静庵、宋教仁、吕大森、张难先等人在武昌成立革命组织科学补习所，负责宣传工作。同年，华兴会策划湘鄂起义，黄兴委任曹亚伯为湘鄂联络员。起义失败后，曹利用基督教教徒身份掩护黄兴脱险。1905年，留学日本并加入中国同盟会。1906年官费留学英国，任伦敦中国留学生会馆馆长，继续宣传革命。1910年，毕业于牛津大学。

1912年中华民国临时政府成立后回国，入鄂军都督府赞襄机要。1913年"宋案"发生后，曹亚伯在武昌参与密谋起兵讨袁。"二次革命"失败后，逃亡日本。1914年在日本加入中华革命党，后受孙中山委派往南洋各埠宣传该党宗旨。1917年孙中山发起护法运动，曹亚伯从德国人克利来处筹百万巨款相助。1921年夏，孙中山在广州出任中华民国非常大总统，曹受聘担任总统府高级顾问。孙中山督师北伐，曹随行相助。后脱离政界，到昆山经营农业。1937年全面抗战爆发后，向上海商界储蓄银行两次借款筹措抗日军饷，曾亲自冒险上前线抢救抗战伤员。1937年病逝于上海。著有《武昌革命真史》。

此帧"博爱"横披具体题写时间不详。据传，曹亚伯1912年回国时，孙中山拟授以中华民国临时政府财政部次长，曹辞不就，借住章山某寺，孙中山书"博爱"两字相赠。

1937年"八一三"淞沪会战后，昆山沦陷，曹亚伯所藏孙中山墨宝大部分毁于战乱或炮火，这帧"博爱"横披由曹亚伯大女儿携带出逃而幸存于世。1982年，曹亚伯次女曹惠白、幼子周绍常将此横披捐赠予辛亥革命武昌起义纪念馆。

撰稿：张艳平

辛亥武昌首义文物

○孙中山为王和顺题"博爱"横披

孙中山为王和顺题"博爱"横披,二级文物。民国书法作品,纸质。纵55厘米,横167厘米。"博爱"后面书写"寿山先生属",落款"孙文",后钤"孙文之印"白文印。

王和顺（1868—1934），字德馨，号寿山。广西邕宁人，壮族。早年曾参加刘永福领导的黑旗军。1899 年，王和顺与韦达、黄五肥等组织三合会，公开举起反清旗帜。1903 年，清政府镇压广西农民起义，王和顺巧妙设伏，沉着指挥，先后两次击溃清军，声威大震。1907 年，孙中山被日本政府驱逐出境，带领黄兴、胡汉民、汪精卫等到越南河内建立总机关。过西贡时，结识王和顺，吸收其加入中国同盟会。

　　1907 年春，广西三那（那黎、那思、那彭）地区举行抗捐起义，孙中山委任王和顺为中华国民军南军都督，前往钦州发动钦廉防城起义。王和顺率起义军一度攻占防城，并以中华国民军南军都督名义发布《告粤省同胞文》《招降满洲将士布告》和《告海外同胞文》三个檄文，把革命军的宗旨和政策宣布于海外，产生了极大的政治影响。后起义失败，退入越南。武昌起义爆发后，王和顺赴广东组建民军，先后攻克惠州、广州。1922 年 6 月陈炯明公开叛变孙中山，炮轰总统府。王和顺随即与滇军张开儒、杨希闵兴师讨伐。1923 年，陈炯明仓皇逃往香港，王和顺随军入广东，迎接孙中山回广州出任大元帅。后即辞去军职，隐居广州，不问政事。1934 年病逝于广州。

　　孙中山与王和顺交往比较密切。在武昌起义前孙中山领导和发动的 10 次武装起义中，有两次（分别是钦廉防城起义和云南河口起义）是通过王和顺发动和指挥的。壮族爱国志士王和顺虽出身会党，但他矢志追随孙中山先生，始终忠于革命，也从侧面印证了孙中山先生十分重视团结各族人民共同奋斗的历史史实。孙中山题赠的"博爱"横披，是对王和顺革命精神的充分肯定，因而具有较高的历史价值。

　　该横披为武汉国棉一厂工人周新民祖父遗留，1986 年周新民将其捐赠予辛亥革命武昌起义纪念馆。

撰稿：张艳平

○黎元洪为黄申芗之母题"得天独厚"横披

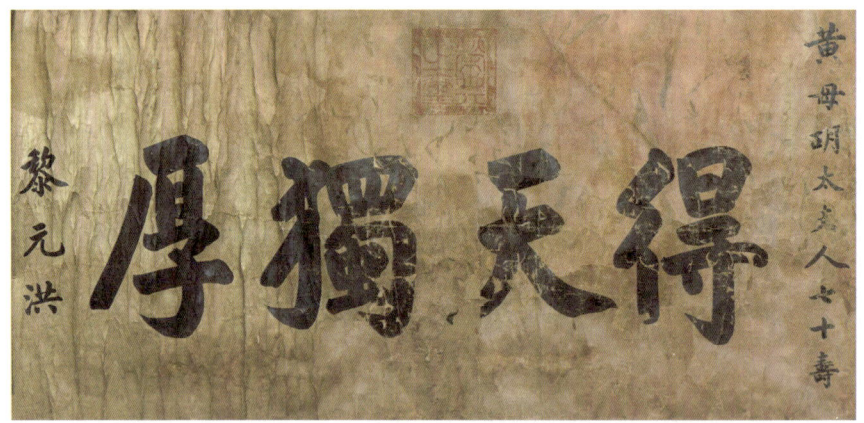

黎元洪为黄申芗之母题"得天独厚"横披,三级文物。民国书法作品,纸质。纵 67 厘米,横 160 厘米。1916 年 9 月,辛亥革命首义志士黄申芗母亲七十大寿,黎元洪题写"得天独厚"横披相赠以表祝贺。横披右侧书写"黄母胡太夫人七十寿",左侧落款"黎元洪",横披上方正中钤"荣典之玺"朱文印。

黎元洪（1864—1928），字宋卿。湖北黄陂（今武汉市黄陂区）人。早年考入天津北洋水师学堂，后投军北洋水师，参加过中日甲午海战，失败后往南京投两江总督张之洞。后随张之洞回湖北，协助张编练新军。先后任护军马队第一营管带、前锋统带、第二十一混成协统领。1911年武昌起义爆发，黎被革命党人推举为鄂军都督府都督。1912年中华民国临时政府在南京成立，黎被选为副总统兼领鄂督。南北议和成功后，袁世凯出任总统，黎又膺选连任副总统。1912—1913年，与袁世凯合谋，诱杀武昌起义元勋张振武，镇压湖北反黎斗争。1913年"宋案"发生后，支持袁世凯镇压"二次革命"。袁世凯死后曾两次出任大总统。晚年致力于实业。1928年6月3日病逝于天津。

黄申芗（1884—1942），亦作申乡、生香，湖北大冶人。早年投湖北新军第四十一标当兵，曾组织同心会、鼎新会、新民会等秘密团体。1906年入湖北新军第三十二标当兵，后考入陆军特别学堂。曾参加日知会、湖北军队同盟会、群治学社等革命团体的活动。1909年加入共进会。1910年湖南省长沙饥民抢米风潮，组织会党拟响应，事情泄露后逃往上海避难。武昌起义后回鄂，参加阳夏保卫战。1912年发起群英会倒孙武暴动，后赴日本求学。"二次革命"后回国参加讨袁、护法运动。"九一八"事变后，投身抗日救亡运动。1932年加入中国共产党。1942年病逝于上海。

1916年春，黄申芗由日本回国，策划讨伐袁世凯事宜。6月6日袁世凯死后，黎元洪以副总统继任大总统，聘黄为总统府陆军咨议。同年9月，黄申芗为母亲做七十大寿，黎元洪特题此横披相赠。黎元洪书写该横披时，其身份为中华民国大总统，横披上钤有"荣典之玺"印，可视为国家荣誉，因而弥足珍贵。1982年黄申芗之孙黄铉将"得天独厚"横披捐赠予辛亥革命武昌起义纪念馆。

撰稿：张艳平

○张难先书赠南轩诗轴

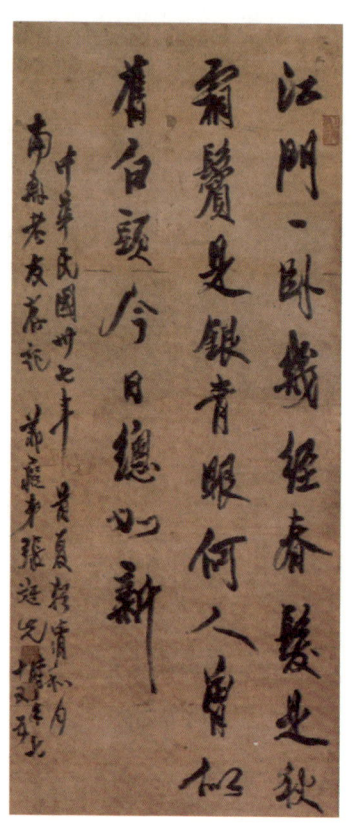

张难先书赠南轩诗轴，三级文物。民国书法作品，纸质，纵173厘米，横44厘米。诗轴内容为："江门一卧几经春，发是秋霜鬓是银。青眼何人曾似旧，白头今日总如新。"诗后作者题跋："中华民国卅七年，首夏犹清和月，南轩老友存记，义痴弟张难先，时年七十又五。""中华民国卅七年"，即1948年；"首夏"，即初夏。南轩，其人不详。

张难先（1874—1968），亦名辉澧、绍良，号义痴。湖北沔阳（今仙桃）人。1904年，与王汉等在武昌创办科学补习所。同年入新军第八镇工程营，在新军中联络会党，建立革命组织，积蓄革命力量。1906年底因谋划响应萍浏醴起义事泄，被捕入狱，保释后加入文学社。武昌起义后，与蒋翊武、胡瑛等人力促詹大悲设立军政府汉口分府，并赴汉口协助詹大悲。阳夏战争中，担任鄂军第二义勇队司令官室顾问，参与谋划攻克荆襄。1916年，袁世凯复辟，张难先响应孙中山号召，投入反袁运动。抗日战争后期，在中国共产党统一战线的影响下，张难先逐渐转向支持民主运动。抗日战争结束后，与李书城等以湖北耆宿身份发起"和平运动"，反对国民党反共反人民的政策；并与中共武汉地下组织联系，为配合武汉解放、防止国民党破坏城市，做出了重要贡献。新中国建立后，历任第一届中央人民政府委员，中南军政委员会副主席，全国人民代表大会第一、第二、第三届代表及常务委员会委员等职。

从1943年起，张难先开始访求辛亥首义史料，撰写首义人物传记，两年后写成《湖北革命知之录》，该书是研究辛亥革命时期湖北革命历史的重要史料。除《湖北革命知之录》外，另著有《义痴六十自述》《六十以后续记》《八十以后随笔》《桑榆随笔》《广师留记》等。张难先工诗词、善书画，其破笔行草劲健峭拔。

该诗轴1984年由尹定华捐赠予辛亥革命武昌起义纪念馆。

撰稿：张艳平

○黄侃为温楚珩题书楹联

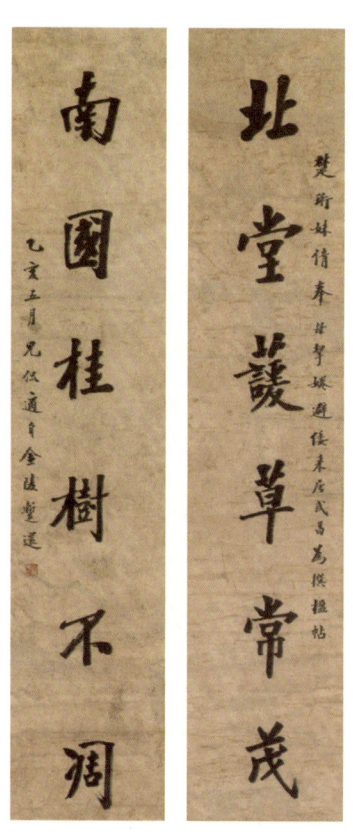

　　黄侃为温楚珩题书楹联，三级文物。民国书法作品，纸质。每联纵120.2厘米，横24.6厘米。上联"北堂蘐草常茂"，下联"南国桂树不凋"。"蘐"同"萱"，萱草又名忘忧草。上下联各有作者题跋。上联右方题跋为："楚珩妹倩奉母挈媅避倭，来居武昌，为撰楹帖。""媅"同"眷"，亲属。"倩"，古代对男子的美称，妹倩即妹夫。下联左方题跋为："乙亥五月，兄侃适自金陵蹔还。""蹔"同"暂"。"乙亥"是1935年，此时，黄侃恰好从南京暂时返回武汉，妹夫温楚珩携带家眷前来避难，寄居于黄侃家中。

黄侃（1886—1935），初名乔鼐，后更名乔馨，最后改为侃，字季刚，又字季子，晚年自号量守居士，湖北蕲春人。1903年考入湖北省文普通中学堂，1905年得张之洞资助，赴日本留学，同年加入中国同盟会。次年师从章太炎研究音韵学，并在章的鼓励下为《民报》撰稿，宣传革命。1910年回国，在家乡筹设孝义会，组织反清活动。1911年为《大江报》撰稿《大乱者救中国之妙药也》，公然号召革命，引起巨大反响。武昌起义后，参与汉口军政分府工作。为支援武昌，黄侃返回蕲春，宣扬情势，组织起义，失败后，赴九江、上海。1912年2月，民社机关报《民声日报》创刊，黄出任主编。后远离政治，专注国学研究和教育事业，历任北京大学、北京师范大学、国立武昌大学（今武汉大学）、东北大学、南京中央大学等校教授。黄侃在经学、文学、哲学各个方面都有很深的造诣，是我国近代著名的国学大师。

温楚珩（1886—1965），原名廷杰，字楚珩。山西洪洞人。1905年官费留学日本，加入中国同盟会。1906年回国，在武汉与詹大悲等从事革命活动。1911年，武昌起义攻克汉口后，迎接詹大悲出狱。汉口军政分府成立，任分府秘书。1913年，"宋案"发生后，从事讨袁活动，旋被袁世凯下令通缉，出走日本，加入中华革命党。1946年辛亥首义同志会成立，被推荐为审查委员。新中国成立后，历任武汉市监察委员会委员，第一、第二届湖北省人大代表，湖北省人民委员会参事室参事。1965年因病逝世。

该楹联1986年由温诚捐赠予辛亥革命武昌起义纪念馆。

撰稿：张艳平

○张之洞书对联

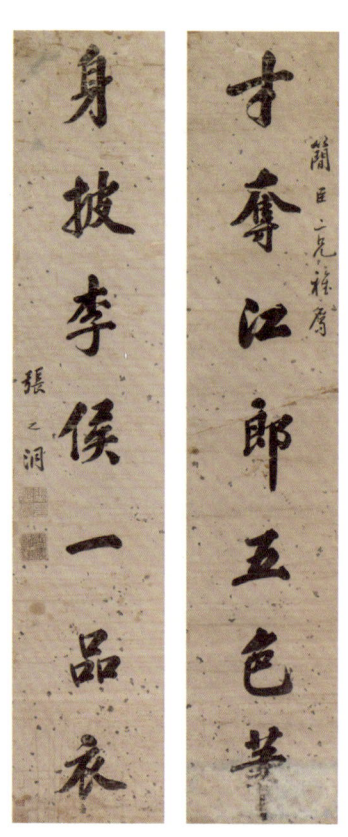

张之洞书对联,三级文物。晚清书法作品,纸质。每联纵157.6厘米,横30.5厘米。对联内容为"才夺江郎五色笔,身披李侯一品衣"。上联右侧书写"简臣二兄雅属",下联左侧落款"张之洞"。落款后钤二朱印,上为白文印"张之洞印",下为朱文印"香涛词翰"。

上联中的"江郎"指的是南朝著名文学家江淹，世称江郎。传说他有一支能下笔成章的五色笔，用此笔写出了许多锦绣文章。晚年时，他梦见一位仙人向他讨要五色笔，江淹在睡梦中将五色笔交给了仙人，醒来后才思顿无，无法作诗，人称"江郎才尽"。下联中的"李侯"指的是唐朝中期政治家李泌。李泌自幼聪慧，深得唐玄宗赏识，令其待诏翰林，为东宫属官。唐德宗时入朝拜相，被封为邺侯，晚年隐居衡山。"一品衣"出自《赐梨李泌与诸王联句》一诗。唐肃宗曾命令其诸皇弟联合作诗以颂赞李泌，其中信王一联称李泌"夜抱九仙骨，朝披一品衣"。

张之洞（1837—1909），字孝达，号香涛，晚年号"抱冰老人"。直隶（今河北）南皮人。同治二年（1863年）进士及第，入翰林院，授翰林院编修，正式步入仕途。历任湖北、四川学政、文渊阁校理、内阁大学士、山西巡抚、两广总督、湖广总督、两江总督、军机大臣等职。清末洋务派首领，主张"中学为体，西学为用"。1889—1907年（期间两次短暂署理两江总督）任湖广总督，督鄂长达18年。1908年光绪皇帝、慈禧太后相继去世后，以顾命重臣晋太子太保，次年病卒，谥文襄。

督鄂期间，张之洞在湖北推行了一系列新政：先后开办了湖北枪炮厂、湖北炼铁厂、湖北丝麻布纱四局、两湖劝业场、湖北官钱局等工厂；改革教育，设立了自强学堂（今武汉大学前身）、经心书院、两湖书院等新式学堂；派遣留学生；编练新军；修筑铁路等等。张之洞的一系列新政，极大地促进了湖北地区的近代化进程和民族资产阶级的崛起，为晚清近代化，特别是湖北近代化作出了重要贡献，客观上也为武昌起义创造了有利条件。

在这幅对联中，张之洞歌颂简臣的文治武功，或希望简臣能成为文及江淹、武追李泌的文武全才。简臣，其人不祥。该对联2003年从湖北省文物总店收购，现藏于辛亥革命武昌起义纪念馆。

撰稿：张艳平

○孙中山为黄申芗之母题"福寿"中堂

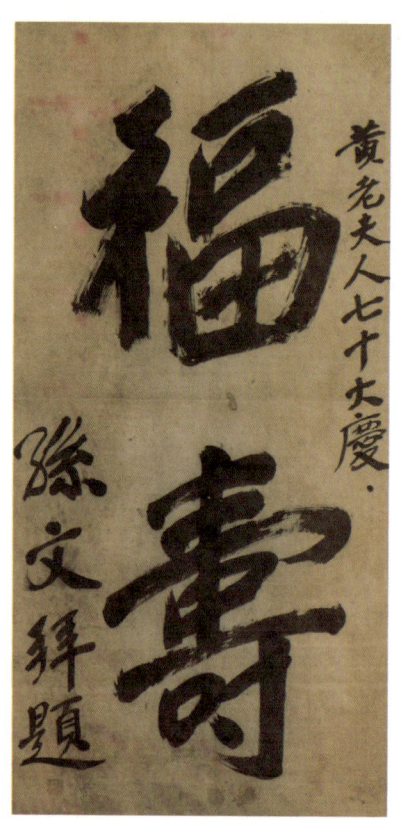

孙中山为黄申芗之母题"福寿"中堂,三级文物。民国书法作品,纸质。纵120.8厘米,横58.9厘米。1916年9月,辛亥革命志士黄申芗之母七十大寿,孙中山特题"福寿"二字见赠。中堂右上方题:"黄老夫人七十大庆",左下方书"孙文拜题",下钤"孙文之印"白文印。

孙中山（1866—1925），原名孙文，字德明，号日新，后改号逸仙。广东香山（今中山市）人。因在日本从事革命活动时曾化名中山樵，后以孙中山名世。1894年11月在檀香山创立兴中会。1905年8月在日本东京创立中国同盟会，制定了"驱除鞑虏，恢复中华，创立民国，平均地权"的资产阶级民主革命纲领。曾在两广及云南地区领导和发动多次武装起义。1912年1月1日，中华民国临时政府成立，担任临时大总统，旋被迫辞职让位于袁世凯。1913年"宋案"发生后，发动"二次革命"，失败后逃往日本。1914年在日本成立中华革命党。后发动护国运动，反对袁世凯称帝。1917年在广州发起护法运动。1924年在中国国民党第一次全国代表大会上提出了"联俄、联共、扶助农工"的新三民主义。1925年3月12日，因病在北京逝世。

黄申芗（1884—1942），湖北大冶人。先后倡立过同心会、鼎新会、新民会等秘密团体。1906年投笔从戎，考入陆军特别小学堂，与林兆栋、戴鸿炳等组办种族研究会，秘密加强与各革命同志和革命团体的联系。1909年孙武回汉组织革命，黄申芗积极参加共进会的革命活动，一度成为共进会湖北分会的主要负责人之一。武昌起义后参加阳夏战争，汉阳失守后，率部防守白沙洲、金口等地，后任近卫军第二协统领，驻防省城。

1913年以前，黄申芗与孙中山并不相识。1912年2月，因不满孙武与黎元洪沆瀣一气、排挤首义有功人员、任用心腹把持一切，黄申芗与向海潜及群英会成员策动"倒孙（武）"暴动。黎元洪耍弄两面手法，借机打压革命党人，并出资送黄出洋深造；黄逗留上海，"宋案"发生后随即投身"二次革命"，失败后东渡日本。1913年8月孙中山再次到达日本并着手筹组中华革命党，黄申芗积极参与筹组工作，与孙中山接触频繁、交谊日深。1914年7月中华革命党正式成立，黄申芗当即加入。

1915年12月12日,袁世凯公然称帝,孙中山随即筹备武力讨袁活动,发起护国运动。黄申芗积极响应孙中山的讨袁行动,并于1916年春从日本回国,在湖北组织讨袁军,参与武力讨袁。同年5月1日,孙中山从日本回到上海,领导讨袁斗争。1916年6月,袁世凯在国人声讨声中死去,黎元洪继任大总统,任命黄为陆军部咨议,黄随后去北京。1916年9月,正值黄申芗母亲七十大寿,孙中山亲自题词为其母祝寿,表明孙中山对黄申芗革命功绩的充分肯定,也显示出二人深厚的革命情谊。

该中堂1982年由黄申芗之孙黄铉捐赠予辛亥革命武昌起义纪念馆。

撰稿:段君峰

○ 黄兴赠吴崑四条屏

黄兴赠吴崑四条屏，二级文物。清末书法作品，纸质。每条尺寸均为纵133厘米，横34厘米。该四条屏系黄兴抄录南宋诗人郑思肖（号所南）《德祐二年岁旦》："力不胜于胆，逢人空泪垂。一心中国梦，万古下泉诗。日近望犹见，天高问岂知。朝朝向南拜，愿睹汉旌旗。有怀长不释，一语一酸辛。此地暂胡马，终身只宋民。读书成底事，报国是何人。耻见干戈里，荒城梅又春。"诗后为黄兴题跋："录所南诗。吼生我兄正字。堇坞黄兴。"下钤朱文印"黄兴"。"吼生"为吴崑别字，"堇坞"为黄兴别署。

黄兴（1874—1916），原名轸，字廑午，又字克强。湖南善化（今长沙）人。年轻时即不满清政府的腐朽统治，产生了"反满"思想。1902年赴日本留学，和杨守仁等创办《游学译编》，宣传民主革命和民族独立思想。1904年与刘揆一、宋教仁等在长沙创立华兴会，策划长沙起义未成。1905年在日本与孙中山创立中国同盟会。1907年起，先后参与或指挥了钦廉防城起义、云南河口起义和广州新军起义等反清武装斗争，1911年春与赵声领导广州起义。武昌起义爆发后赴汉，被推为革命军总司令，领导民军在汉口、汉阳对清军作战。黄兴作为辛亥革命的领导人，其地位仅次于孙中山，世人以"孙黄"并称。

吴崑（1882—1942），字寿天，一作寿田，号吼生。湖北黄冈人。早年入武昌文普通学堂学习，其间阅读革命书刊、萌生革命之志。1904年3月赴日本留学，入东京弘文学院。1905年8月中国同盟会成立，为最早会员之一，并任评议部评议员，代理庶务。1906年加入日知会，后回国从事革命活动。

郑思肖在诗中既因自己无力救国而伤感，又表达了自己反对异族统治、希望恢复汉室江山的爱国主义精神。和郑思肖一样，黄兴对清政府统治从心底里抵触、排斥，希望推翻异族统治、复兴汉室江山，二人有着相同的"中国梦"，这也是黄兴抄录此诗以明心志的原因。

黄兴摘录郑思肖的诗以明志，并赠送给吴崑，体现了两人志同道合的深厚革命情谊和理想。这套四条屏彰显了辛亥革命志士致力于国家富强的爱国主义精神，又因黄兴的特殊地位，具有较高的历史价值。

该四条屏2003年由黄州区博物馆（李四光纪念馆）转让，现藏于辛亥革命武昌起义纪念馆。

撰稿：段君峰

○居正为喻育之题词轴

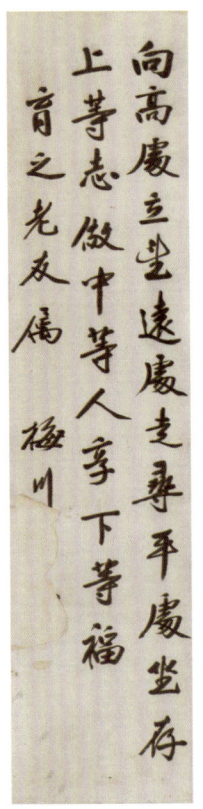

居正为喻育之题词轴,三级文物。民国书法作品,纸质。纵129厘米,横30.4厘米,词轴内容为:"向高处立,望远处走,寻平处坐,存上等志,做中等人,享下等福",左侧题"育之老友属 梅川","梅川"下面的字迹有缺损。

居正（1876—1951），原名之骏，字觉生，号梅川居士。湖北广济县（今武穴市）人。1900年中秀才。1905年东渡日本留学，加入中国同盟会。先后参与组建共进会、中部同盟会。曾创办《中兴日报》与保皇党《南洋总汇报》论战。主编《光华日报》，在华侨中宣传革命，并在缅甸建立同盟会支部。1910年与宋教仁等在上海筹设中部同盟会。1911年初，受黄兴、谭人凤之命，在汉口法租界长清里、武昌胭脂山、武昌黄土坡设立秘密机关。1911年9月共进会与文学社联合后，被推举负责外交部事务。武昌起义后由沪抵汉，任鄂军都督府顾问兼秘书，参与制定《都督府暂行组织条例》。1912年中华民国临时政府成立，任内务部次长，参与过《中华民国临时约法》的制定工作。"二次革命"时期，在上海参加武装讨袁，失败后逃亡日本。1915年回国参加护国运动。1946年列名辛亥首义同志会，任辛亥首义同志会理事长。1949年11月去台湾。1951年11月在台湾去世。著有《辛亥亲历记》《梅川日记》《为什么要重建中国法系》《辛亥札记》等。

喻育之（1889—1993），学名喻义，字英之。湖北黄陂人。1909年考入湖北陆军测绘学堂。1910年加入共进会。曾参与发起测绘学堂学生剪辫运动。武昌起义爆发，与同学迅即响应，参加了抢占楚望台军械库、攻打总督署和阳夏保卫战诸役。1912年任鄂军都督府参谋部测量局副科员。1916年因反袁事泄，东渡日本，就读于东京私立日本大学。1919年参与声援五四运动。后历任湖北省政府水利局局长、湖北省财政厅厅长、国民参政会参政员、辛亥首义同志会常务理事等职。新中国成立前夕，任湖北省人民和平促进会常务干事、武汉市民临时救济委员会汉口执行处秘书长等职，为武汉和平解放做了有益的贡献。新中国成立后，历任中南军政委员会委员，武汉市政协委员、常委，武汉市人民政府参事室参事等职。晚年定居武汉，1993年3月在汉口逝世。

居正与喻育之同为辛亥革命元老，都曾为共进会成员，共谋革命，民国后两人来往也比较频繁。居正所拟此词轴，参考了清人姚元之"发上等愿，享下等福，择高处坐，向宽处行"的句式，却更拓展意境，昭示了辛亥革命志士淡泊致远的情怀。居正题赠喻育之的书法作品不止一件，喻育之六十寿辰时，居正也曾为他题写过祝寿词轴，体现出两人之间的革命情谊源远流长。

喻育之于1986年将此词轴捐赠给辛亥革命武昌起义纪念馆。

撰稿：蒲依

○谭延闿书《总理遗嘱》墨迹

　　谭延闿书《总理遗嘱》墨迹，三级文物。民国书法作品，纸质。纵121.6厘米，横38厘米。作品所录内容为："余致力国民革命，凡四十年，其目的在求中国之自由平等。积四十年之经验，深知欲达到此目的，必须唤起民众，及联合世界上以平等待我之民族，共同奋斗。现在革命尚未成功，凡我同志，务须依照余所著建国方略、建国大纲、三民主义及第一次全国代表大会宣言，继续努力，以求贯彻。最近主张开国民会议及废除不平等条约，尤须于最短期间，促其实现。是所至嘱。"落款为"民国十七年十二月谭延闿敬书"。

《总理遗嘱》为1925年孙中山病重之时由汪精卫代拟,孙中山先生逝世前一日亲自补签的遗嘱。遗嘱分为两部分,第一部分总结40年来革命成果,并为后来革命指明方向;第二部分为交待身后家事。谭延闿所录为第一部分。

谭延闿(1880—1930),字组庵,又作组安,号畏三。湖南茶陵人。1907年组织湖南宪政公会。1909年任湖南谘议局议长,1911年武昌起义后,任湖南军政府参议院议长、民政部部长。同年10月22日长沙起义后,被推为湖南省都督。1912年加入国民党,任湖南支部部长。1913年"二次革命",曾宣布湖南独立,旋因失败取消。1915年参与护国运动。1916年任湖南省省长兼署督军。1918年7月,护法军政府任命其为湖南督军、省长。1922年投奔孙中山,再次加入中国国民党。1924年1月,国民党改组,被选为第一届中央执行委员、中央政治委员会委员。

谭延闿和孙中山在护国运动中相识,在护法运动中共同反对复辟,维护约法,两人相互配合。后来,谭延闿在孙中山影响下,逐渐走上追随孙中山、投身革命的道路,最终成为国民政府主要领导人之一。

谭延闿精于书法,尤其精工颜体。此幅《总理遗嘱》楷书,共计162字,深得颜真卿楷法笔意,笔力雄健,气势夺人。点画呼应,横平竖直,不以巧媚示人,宽博温厚、骨肉停匀,气魄雄伟。结构上也占尽颜书之妙,结体外拓而中宫留出余白,这是其对颜楷书法的突破,也是谭氏匠心独运之处,从作品中左右、上下结构的字(如正文第5列"继""续""贯"等字)中,可以体察谭氏"上不让下""左不让右"的书学理念与主张。谭延闿以其颜楷上的成就,位居"民国四大书法家"(楷书谭延闿、草书于右任、隶书胡汉民、篆书吴稚晖)之首。

该墨迹现藏于辛亥革命武昌起义纪念馆。

撰稿:蒲依

辛亥武昌首义文物

○张荆野铁线书四条屏

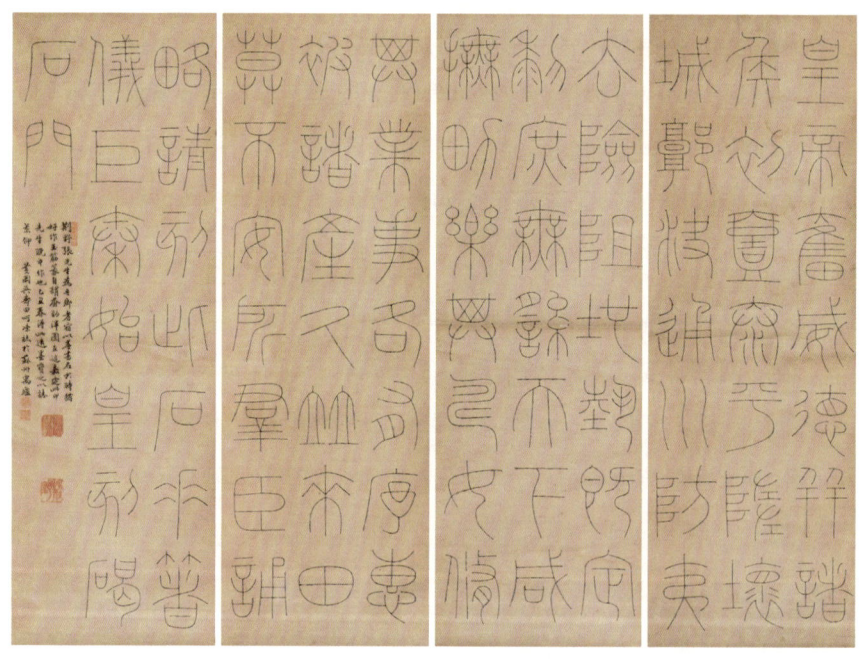

张荆野铁线书四条屏，三级文物。清末民初书法作品，纸质，每幅纵112厘米，横33厘米。内容系节录秦始皇碣石门刻石："皇帝奋威，德并诸侯，初壹泰平。堕坏城郭，决通川防，夷去险阻。地势既定，黎庶无繇，天下咸抚。男乐其畴，女修其业，事各有序。惠被诸产，久并来田，莫不安所。群臣诵略，请刻此石，垂著仪巨。秦始皇刻碣石门。"文后为辛亥革命志士吴崑于1925年的题跋："荆野张先生为吾乡耆宿，以善书名于时，犹好作玉筋篆，自谓苍劲浑圆，立追嘉定。此即先生晚年作也。乙丑春得此遗墨，宝之，以志景仰。黄冈吴寿田呵冻志于苏州寓庐。"在题跋的右上方钤一长方形白文朱印"物我无尽"，题跋的下方钤有四印。右二印，上为白文朱印"张翼轸印"，下为"荆野"朱文印。左二印，上为圆形朱文印"黄冈吴氏"，下为方形朱文印"寿天亦曰寿田自号吼生名崑"。

张荆野（1864—1922），字凤巢，号石渠、翼轸。湖北黄冈（今团风县）人，著名书法家。曾任江苏候补知县，差委南京下关、泗州、北河口等地厘金局局长。在清政府任职期间，认识到清廷的腐败，逐渐同情革命，后经革命党人介绍，加入同盟会。在南京任职期间，接受孙中山指示，秘密开展革命活动。1912年中华民国成立后，任临时大总统孙中山的秘书。翌年孙中山发动反袁的"二次革命"失败后，张由南京回武汉居住。后历任宜昌、清滩口征收局局长，四川督军陈宦的秘书长。1915年袁世凯复辟，张辞职返回黄冈，并作诗讥讽袁世凯称帝的丑态。1922年12月病逝后，孙中山亲笔书写挽联："革命尚未成，国步维艰，谁与孙策；同胞还剩几，楚天噩耗，又坠张星。"

张颇善辞章，尤以书法著名，真草篆隶，均有独到之处，而其"铁线文"，更是独树一帜。一生精研"铁线文"，线条粗细均匀，合乎法度，窥古人堂奥而自成一家，人称"远宗汉魏，法本苏黄"，"合北碑南帖于一炉"。张之书法，深为时人喜爱。可惜的是张荆野的墨宝大多毁于"文革"时期，现存世极少。

该四条屏2003年由黄州区博物馆（李四光纪念馆）转让，现藏于辛亥革命武昌起义纪念馆。

撰稿：段君峰

辛亥武昌首义文物

○汤化龙为炳垫题字对联

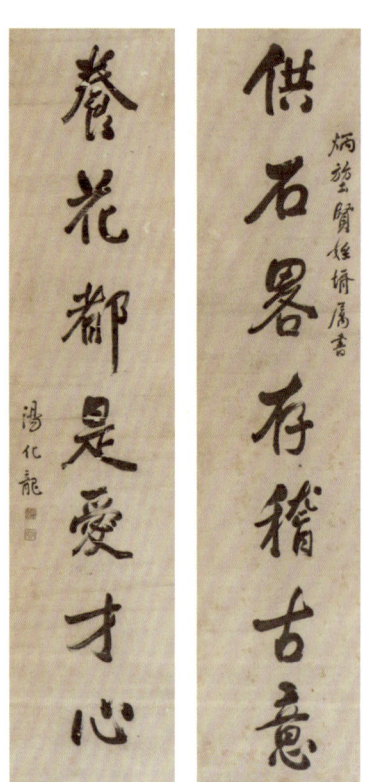

　　汤化龙为炳垫题字对联，三级文物。民国书法作品，纸质，每联纵212厘米，横47厘米。上联为"供石略存稽古意"，下联为"养花都是爱才心"。上联右侧题"炳垫贤侄婿属书"，下联左侧落款"汤化龙"。落款后钤二朱印，上为白文印"汤化龙印"，下为朱文印"济武"。

汤化龙（1874—1918），字济武，湖北蕲水（今浠水县）人。1904年中进士，授法部主事，后任山西大学堂国文教习。1906年东渡日本留学。1908年秋毕业回国，任湖北谘议局筹办处参事。1909年当选为湖北谘议局副议长，复被举为议长。曾参与发动速开国会请愿运动。1911年武昌起义，参与组织鄂军都督府，并通电敦促各省谘议局响应革命。继与胡瑞霖等拟定《都督府组织条例》。先后出任政事部部长、编制部部长。汉阳失陷后随黄兴往上海。1912年1月南京临时政府成立，任南京临时政府陆军部秘书长，后委以法制局副总裁，辞不就。与立宪派要人在上海发起共和建设讨论会。4月当选为临时参议院副议长。5月加入共和党。10月组织民主党并担任干事长。1913年1月当选为北京政府众议院议长，支持袁世凯独裁。5月与梁启超等人组织进步党对抗国民党。"宋案"发生后，联合议员孟森等通电反对"二次革命"。1914年任北京国民政府教育总长兼学术委员长。1915年辞职赴上海，参加护国讨袁运动。1918年3月出国考察，在加拿大维多利亚市中华会馆被国民党人王昌刺杀身亡。

"供石略存稽古意，养花都是爱才心"原是左宗棠所作"赠荣轩五兄"对联，汤化龙手抄此联送给他的侄女婿炳堃，表达赞赏和厚望之意。炳堃，其人不详。

该对联2003年由浠水县文管所调拨，现藏于辛亥革命武昌起义纪念馆。

撰稿：段君峰

辛亥武昌首义文物

○ 喻育之为辛亥革命武昌起义纪念馆开馆志庆题词轴

喻育之为辛亥革命武昌起义纪念馆开馆志庆题词轴，三级文物。纸质，纵132厘米，横29.6厘米。题名为"辛亥革命武昌起义纪念馆开馆志庆"，正文为："在纪念辛亥革命七十周年的时候，通过你们的辛勤劳动把起义时壮烈历史画卷重现在广大观众面前，我这个躬与此役的人尤其感到振奋和喜悦。"落款"喻育之，一九八一年十月，时年九十三岁，于忆凤楼"。落款名字后，钤有"黄陂喻氏""育之长寿"印，末尾钤有"忆凤楼"印。

1981年10月，在辛亥革命70周年之际依托中华民国军政府鄂军都督府旧址（即武昌起义军政府旧址），辛亥革命武昌起义纪念馆成立。辛亥革命武昌起义纪念馆的开馆在当时是一盛事，当年10月即接待了许多辛亥老人、辛亥后裔、政界人士、学者、海外侨胞、国际友人以及数以万计的社会观众，它在展示首义历史、弘扬首义精神方面发挥着十分重要的作用。作为亲身参与过武昌起义的辛亥革命老人，喻育之先生与新成立的辛亥革命武昌起义纪念馆自然有着深厚的感情。当年已九十三岁高龄的他对纪念馆的开馆由衷感到振奋和喜悦，于是题写开馆志庆赠给该馆，表达庆贺之意和欣慰之情。

　　喻育之先生擅长书法，热爱书法，其书法清秀隽永。此幅作品带有晚清民国人物的典型书风，用笔清爽，章法独特，虽为行书用笔，字与字之间却没有牵丝引带，字字独立，通篇之中参差变化，平中见奇，开合有度，大小相间，彰显对立统一之美。

　　此词轴现藏于辛亥革命武昌起义纪念馆。

撰稿：蒲依

辛亥武昌首义文物

○李灵珈绘李次生高擎义旗画像

　　李灵珈绘李次生高擎义旗画像，二级文物。民国书画作品，设色纸本。画中李次生身着黑色中山装及白裤，双手高举十八星旗，两腿分立，威风凛凛站于蛇山之巅。画像周边题书有张知本的"独树一帜"、赵恒惕的"一挥而定"、万耀煌的"开国先锋"等像赞。

1911年10月9日，因孙武在汉口试制炸弹失事而暴露，在场的革命党人李次生立即将两面准备起义用的十八星旗裹着受伤的孙武撤离。当晚，汉口共进会机关、起义总指挥部及多处秘密机关遭破坏，所有旗帜、符号、文告、党人名册等被清吏查获。10日晚，武昌起义爆发后，李次生腰缠一面十八星旗渡江至武昌，高举义旗，引导蔡济民部攻占蛇山阵地，将起义革命军军旗插在蛇山之巅。

李次生（1887—1950），亦作赐生。湖北孝感人。共进会会员。从事革命秘密联络工作，并设歆生路文艺俱乐部为共进会分机关。武昌起义时高举义旗引领部队攻占蛇山。阳夏战争时，奉命赴湘带领援鄂军返汉助战。中华民国初年因"群英会"倒孙事件，随孙武隐退。1926年北伐军攻占武汉后，任督察主任、江汉关特派员。李次生之子李志新，居台湾。为纪念武昌首义和其父亲曾花费60余年心血遍访了在台湾的辛亥革命亲历者及其后裔，广泛深入地从事辛亥革命文物收藏、考证和研究工作，成果丰硕。

李灵珈，福建闽侯人。著名国画家，16岁师从叶克濂，尤以山水、人物画受到于右任、莫德惠和张大千的器重。1962年获得中国文艺协会颁发的第三届"文艺奖章"（绘画类）。1965年由台湾去香港，1966年举办画展，誉满香江。1968年7月赴美讲学并接受美国一所大学颁赠的"文化奖章"。

该画像现藏于辛亥革命博物馆。

撰稿：关睿

○ 1910年3月27日《舆论时事报图画》刊"窘哉徐尚书"时事画

  1910年3月27日《舆论时事报图画》刊"窘哉徐尚书"时事画,三级文物。《舆论时事报图画》为清末出版的《舆论时事报》附刊,每期两幅图画新闻,以图画形式讲述民俗、历史、新闻、故事等。此张"窘哉徐尚书"时事画,讲述了1910年湖北留日学生、鄂路代表张伯烈进京请愿,迫使清政府同意成立湖北商办铁路公司的内容。图画上文字均为楷体,最左侧竖印"大清宣统二年二月十七日舆论时事报图画"字样。图画中间饰有黑色花边框,其四角分别用花纹环饰有"时""事""画""报"字样，其内左右排列两幅图文，右边图画右上方横排印有"窘哉徐尚书"标题，竖行印有："鄂路代表张伯烈，屡向邮部徐世昌力争迄无效果，近日血益热，志益坚，昼则至邮署争吵，夜则至徐宅持刀拼命，演说哭骂，激烈非常，徐愧愤交集，已拟准予商办矣。"文字下方为张伯烈情绪激昂地找邮传部尚书徐世昌力争路权的白描图。

1903年，清政府为了推行"新政"，允许招商局集商股成立铁路公司。此后，各省民营铁路公司陆续成立，商办铁路开始兴建。西方列强为了进一步奴役中国和掠夺财富，从19世纪末，开始对中国进行铁路投资，争夺铁路的修筑权。粤汉、川汉铁路是沟通南北和深入内地的两条重要干线，因而成为列强集中争夺的目标。"窘哉徐尚书"时事画是这一历史史实的真实写照。

张伯烈（1866—1934），字亚农，号益三，湖北随县人，中华民国政要。1909年，张伯烈与江元吉、夏道南被推举为湖北留学生代表，回鄂维护铁路路权，反对将粤汉铁路、川汉铁路修筑权让与外国列强。后张伯烈和刘心源、密昌墀等人又被推举为代表赴京师请愿，迫使清政府同意成立湖北商办铁路协会。

徐世昌（1855—1939），字卜五，号菊人，又号弢斋，直隶（今河北）天津人。清末民初著名政治人物。1909年出任邮传部尚书兼津浦铁路督办。同年，清政府与英、法等四国银行团草签借款合同，将川汉、粤汉铁路筑路权送给外国人。1910年，湖北代表进京请愿，与时任邮传部尚书徐世昌严词辩驳，据理力争，一再要求拒外债、保利权、归商办。几经周折，使借款草约未能批准生效，两路收归国有，由官商合办。

该画报现藏于辛亥革命博物馆。

撰稿：卢骏

三、证照

○孙中山派李翊东往赣州办理要事令

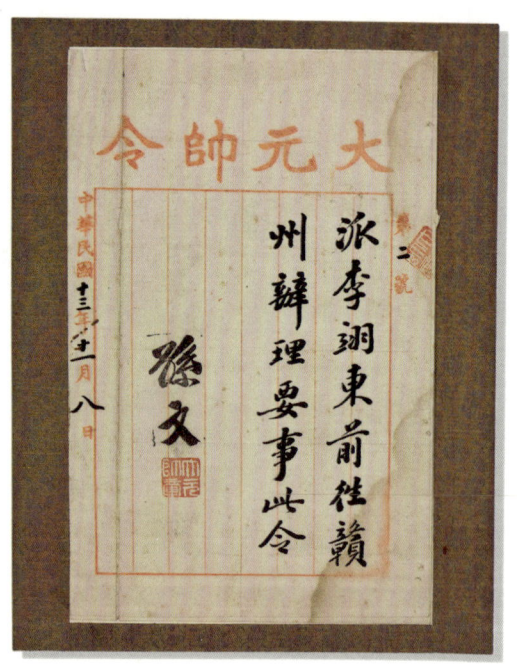

孙中山派李翊东往赣州办理要事令，二级文物。民国时期文件，纸质，纵31.2厘米，横21厘米。红八行专用公文纸，上端印有"大元帅令"。左、右边框外分别印刷或墨书"中华民国十三年十一月八日"、"第二号"。正文自右而左墨书"派李翊东前往赣州办理要事。此令。孙文"。"孙文"下方及骑缝处均钤有方形篆文"大元帅章"，白文。

李翊东（1887—1960），亦名西屏，湖北黄冈人。曾入明德社、共进会、同盟会等革命组织，从事反清革命。投湖北新军第四十一标当兵不久，即入湖北陆军测绘学堂，并任该校共进会党代表。武昌起义爆发，率测绘学堂学生响应，至楚望台掩护炮兵攻打总督署。鄂军都督府成立，革命军以枪逼迫黎元洪以都督名义在安民告示上签字，黎不从，李翊东遂代签"黎"字。曾任鄂军都督府赏叙长、参议。在阳夏战争中任战时总司令部参谋兼督战官等职。1913年参加"二次革命"，事败后赴美留学，在理海大学半工半读习探矿工程。1922年学成归国，1924年赴南方追随孙中山，被任命为陆海军大元帅大本营技师。

1924年4月，奉孙中山之命，李翊东游说赣南镇守使方本仁驱逐赣督蔡成勋，配合孙中山北伐。方本仁（1880—1951），号佩庭，湖北黄冈人。1902年投武昌右旗马队营当兵。不久，进湖北陆军特别小学堂学习，1907年，被选送北京陆军军官学堂（即后来的北洋陆军大学）第二期学习。1909年毕业，留京任禁卫军骑兵排长。翌年，调新军第六镇任连、营长。吴禄贞遇刺后，由李纯接任统制，方升任代理参谋长。1912年，李纯调任江西督军，方被委任为都督府参议厅厅长、陆军将校讲习所所长、督军署参谋长，1916年调任赣西镇守使。1922年，蔡成勋赶走李纯，自任江西督军，方被调任赣南镇守使。1924年任粤赣边防军务督办，11月，蔡成勋令其攻打广州国民革命军，方掉转枪口驱蔡，受命为江西军务督办。李翊东和方本仁有同乡之谊，因此，孙中山派其前往江西游说方本仁。

"派李翊东往赣州办理要事"令，为孙中山派李翊东往赣州说服赣南镇守使方本仁驱逐赣督蔡成勋、配合北伐的命令文件。

该文件1986年由李翊东之子李柯捐赠予辛亥革命武昌起义纪念馆。

撰稿：段君峰

辛亥武昌首义文物

○孙中山任陈明为中国国民党湘鄂军事联络员委任状

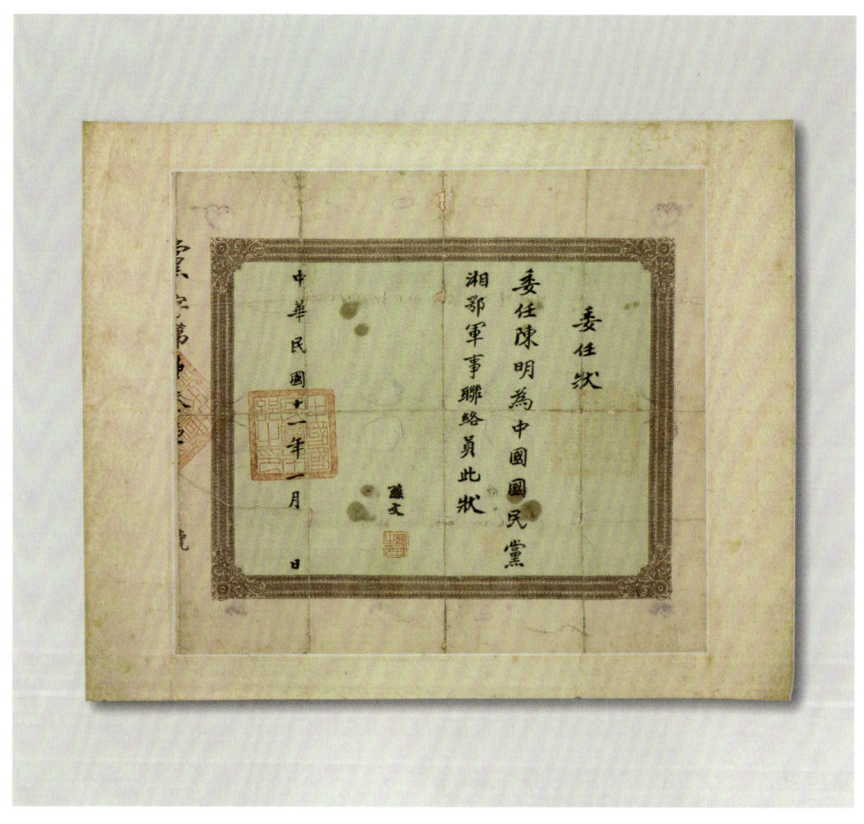

　　孙中山任陈明为中国国民党湘鄂军事联络员委任状，二级文物。纸质，纵34.4厘米，横38.3厘米。单面印刷。红色边框内自右而左墨书"委任状。委任陈明为中国国民党湘鄂军事联络员。此状。孙文。中华民国十一年一月　日"，钤朱文"总理之印""中国国民党本部之印"。

1921年10月8日，国会非常会议通过了孙中山提出的北伐方案，12月15日，孙中山在桂林设立大本营，准备翌年春借道湖南北伐。1922年2月3日，孙中山下令北伐，由李烈钧率部攻江西，许崇智率部出湖南。但赵恒惕拒绝北伐军借道湖南，陈炯明拒不接济饷械，支持北伐的粤军参谋长又被杀，孙中山旋即开会决定改道江西北伐，并设大本营于韶关，命北伐军分三路进军江西。正当北伐军分三路向江西腹地进军时，陈炯明在广州发动叛乱。孙中山致函北伐军将领回粤平乱，6月底北伐军在韶关被陈炯明叛军阻击失利。北伐军一部分由江西进入福建，另一部分经湖南入江西，孙中山的第三次北伐失败。

　　孙中山任陈明为中国国民党湘鄂军事联络员委任状，系1922年1月北伐开始前颁发，它见证了孙中山第三次北伐的行动方略。

　　该委任状原由陈明之孙陈有望保存，1983年捐赠予辛亥革命武昌起义纪念馆。

撰稿：段君峰

○袁世凯颁发给陆军少将熊秉坤的勋五位证书

袁世凯颁发给陆军少将熊秉坤的勋五位证书，一级文物。1913年颁发，烫金纸质。纵32.3厘米，横43.3厘米。证书自右而左毛笔楷体竖书："盖闻时逢走鹿，难每发于一夫；势等连鸡，功莫先于首义。陆军少将熊秉坤，志炳丹青，术娴戎伍，援桴奋战，遂倾城社之凭陵；建纛扬威，克靖风尘之扰攘。前勋斯集，懋赏宜膺。本大总统依勋位令第一条，授以勋五位，以嘉乃绩，启旧邦之新命，伯偃灵台；进小康于大同，氛销枉矢。此证。袁世凯。中华民国二年一月　日。"钤篆体朱文"大总统印"。

熊秉坤（1885—1969），字戴乾，湖北江夏（今武昌）人。清末湖北新军正目，共进会会员。1911年10月10日晚率领陆军第八镇工程第八营士兵举义，在武昌城内打响了武昌起义的第一枪。鄂军都督府成立后，任革命军第五协（旅）协统，参加阳夏保卫战。1913年在南京参加讨袁失败，流亡日本，后加入中华革命党。护法战争期间，任大元帅府参军。1927年参加北伐，1929—1931年任国民党湖北省政府委员，后长期任国民党政府参军，1946年退职。中华人民共和国成立后，历任中南军政委员会参事室参事、湖北省政协常委、全国政协委员。

1912年8月8日袁世凯公布勋位令。勋位令共计八条，凡民国人民，有勋劳于国家或社会者，授予勋位。勋位分为大勋位、勋一位至勋五位六级。另规定凡依优待条件，保有亲王以下之世爵者，各以受有勋位论。此令未经临时参议院议决。

陆军少将熊秉坤勋五位证书，是临时大总统袁世凯为表彰熊秉坤打响武昌起义第一枪的卓著功勋而授予。同年，熊因参与"二次革命"，其勋位又被袁世凯褫夺。袁世凯利用勋位授予笼络亲信，收买革命党人，将辛亥革命元勋黄兴与镇压辛亥革命之干将冯国璋等同授勋一位，遭到黄兴坚辞和革命党人抵制。

熊秉坤的勋五位证书由熊秉坤之子熊辉保存，1983年捐赠予辛亥革命武昌起义纪念馆。

撰稿：段君峰

辛亥武昌首义文物

○黎元洪副总统颁给熊继贞的首功执照

　　黎元洪副总统颁给熊继贞的首功执照，二级文物。纸质，纵66厘米，横47厘米。执照分为上下两部分，上半部分为"副总统训词"，粉红底，金字。下半部分为执照正文，白底，蓝字或墨书。执照正文为："中华民国副总统海陆军大元帅兼鄂省都督黎，为发给执照以奖首功事。照得我军举义，恢复鄂州，汉口汉阳血战旬月。我鄂中将士万众一心，力持危局，因之各省闻风响应，中华已成共和，得以脱出专制，实由该将士等首先发难，铁血购来，殊堪嘉尚。查有交通司

正司长熊继贞年　岁,湖北武昌人,卓识宏猷,深资得力,合行发给执照,以示优异而懋赏功。除行部存案外,仰该员即便遵照祗领,须至执照者。右给熊继贞收执。中华民国元年四月　日"。钤"中华民国鄂军政府大都督印",阳文,篆体。彩色云纹边框上端印有五色旗与十八星旗交叉图案。

熊继贞(1880—1958),亦名熊晋槐,湖北武昌(今鄂州)人。1901年投湖北新军工程营当兵。1904年官费留学日本路矿学堂,1906年加入中国同盟会。1910年回国,被清政府授予工科举人,辛亥春分发湖北任职。1911年革命党人策划在中部各省起事,他毅然投身革命事业,在汉口长青里住所设立共进会总部机关,利用职务之便调查交通情形,积极联络湖北同盟会会员及共进会、文学社革命团体,运动军学界、铁路及工矿革命志士,为起义做了大量准备工作。

武昌起义后,先任鄂军都督府交通局课员,后任交通部部长,负责接管当时武汉地区的邮电、水运和铁道事宜,主持制订交通部组织章程和细则,并颁布交通管理规则。在阳夏保卫战中,他指挥调度船运人员全力支持战事,确保战时军队及物资顺利运输,为阳夏保卫战做出了突出贡献。1912年3月,交通部改交通司,熊继贞任司长。1913年奉孙中山命,在武汉秘密进行反袁联络工作,以响应"二次革命"。1917年护法运动兴起,他集资在湘鄂边界开采煤矿,发展革命武装。大革命时期,一度出任湖北航政局局长。1946年列名辛亥首义同志会,并任辛亥首义同志会名誉理事。1949年以后,历任中南军政委员会委员、湖北省人民政府副主席、湖北省政协副主席、民革中央委员等职。1958年2月在武昌逝世,葬于武汉九峰山陵园。

黎元洪颁给熊继贞的首功执照,是研究鄂军政府建制及熊继贞生平的重要史料,1990年由湖北省博物馆移交辛亥革命武昌起义纪念馆入藏。

撰稿:黄玉霜

辛亥武昌首义文物

○黎元洪副总统颁给傅元恺的首功执照

　　黎元洪副总统颁给傅元恺的首功执照，二级文物。1912年颁发，纸质，纵64.5厘米，横46厘米。执照文字上半部分为"副总统训词"，金字，粉红底。文字下半部分白底，蓝字或墨书。首功执照原文为："中华民国副总统海陆军大元帅兼鄂省都督黎，为发给执照以奖首功事。照得我军举义，恢复鄂州，汉阳汉口血战旬月。我鄂中将士万众一心，力持危局，因之各省闻风响应，中华已成共和，得以脱出专制，实由该将士等首先发难，铁血购来，殊堪嘉尚。查有护军一队队员傅元恺，年二十九岁，江夏人，首先倡义，毅勇可嘉，合行发给执照，以示优异而懋赏功。除行部存案外，仰该员即便遵照祗领，须至执照者。右给傅元恺收执。中华民国元年二月十八日。"钤"中华民国鄂军政府大都督印"，朱文，篆体。彩色云纹边框上端印有五色旗与十八星旗交叉图案。

这份首功执照，是黎元洪副总统为表彰护军一队队员傅元恺在武昌起义时的贡献而颁发的。执照关于护军的记述"查有护军一队队员傅元恺，年二十九岁，江夏人，首先倡义，毅勇可嘉，合行发给执照，以示优异而懋赏功"。据此可知，傅元恺为湖北江夏人，生于1883年，隶护军一队，参加武昌起义。有关护军一队在首义期间的情况，其他史料鲜有提及，该首功执照对研究武昌首义参战部队系列和傅元恺生平颇有价值。

这份执照1998年由傅元恺之孙傅国生捐赠予辛亥革命武昌起义纪念馆。

撰稿：章猗

辛亥武昌首义文物

○黎元洪副总统颁给胡宪章的首功执照

　　黎元洪副总统颁给胡宪章的首功执照，二级文物。1912年颁发，纸质。纵67.5厘米，横46厘米。执照文字上半部分为"副总统训词"，金字，粉红底。下部分为首功执照正文："中华民国副总统海陆军大元帅兼鄂省都督黎，为发给执照以奖首功事。照得我军举义，恢复鄂州，汉口汉阳血战旬月。我鄂中将士万众一心，力持危局，因之各省闻风响应，中华已成共和，得以脱出专制，实由该将士等首先发难，铁血购来，殊堪嘉尚。查有学生军学生胡宪章，年二十二岁，四川奉节人，投笔从戎，勋劳卓著，合行发给执照，以示优异而懋赏功。除行部存案外，仰该员即便遵照祗领，须至执照者。右给胡宪章收执。中华民国元年四月初一日。"白底，蓝色或墨书。钤"中华民国鄂军政府大都督印"，朱文，篆体。彩色云纹边框上端印有五色旗与十八星旗交叉图案。

学生军是辛亥首义爆发后武汉留校学生自发组织的革命军队，由陆军第三中学、矿业学堂、陆军小学、工业讲习所、政法养成所等校学生组成，主要任务是担任武昌城内警戒，维持治安。阳夏战争期间，因汉阳战事紧张，学生军曾一度赴前线参战。学生军初具规模后，鄂军都督府军务部即派员统一管训，并派陆军第三中学学生分别担任队长、排长和教练。中华民国成立后学生军成员或回原籍，或编入军事学校。

胡宪章（1890—1927），生于浙江衢州，后随父移居武昌。武昌起义前为民立四明中等商业学堂学生，起义爆发后入学生军参加革命。1912年7月入湖北军官学校步科学习，1915年1月毕业。

黎元洪颁给学生军胡宪章首功执照，以表彰其对辛亥首义的贡献。民立四明中等商业学堂学生是否参加过学生军，以前史料记载鲜有提及，胡宪章的首功执照对研究学生军学校组成情况颇有价值。

1937年抗战全面爆发，胡宪章之子胡昌华携首功执照离开武汉，1950年返汉时带回母亲家中保存。其后该文物先后辗转于胡昌华、胡母和胡昌华之弟胡文羲家中保存。2000年2月胡昌华将该执照捐赠予辛亥革命武昌起义纪念馆。

撰稿：章旖

辛亥武昌首义文物

○辜文斌的辛亥首义同志会会员证书

辜文斌的辛亥首义同志会会员证书，三级文物。1946年颁发，纸质。纵11厘米，横7厘米。封面、封底以蓝棉布装裱。封面居中竖印金色楷体字："辛亥首义同志会会员证书"，证书内右页上半部印有辜文斌黑白证件照，下半部依次横排："姓名 辜文斌""年龄 六三岁""籍贯 湖北省汉阳县""混炮第62号"。除此，还有四枚朱印钤于页面之上。证书左内页从右向左依次竖排"附记"："一、本证为证明本会会员身份之用；二、本证不得转借或涂改及营业等事；三、本会会员不得违背国家民族及三民主义之言行，经监事考查，实有违背情事者，即开除其会籍；四、本证如有遗失不便补发，准其登报声明，报会备查。"附记下层钤有长方形篆体朱印，内容为："辛亥首义同志会图记"。最左侧竖排有会员证颁发时间："中华民国三十五年 月 日"。

辜文斌（1886—？），湖北汉阳人。武昌起义前为第二十一混成协炮队士兵，驻扎在武昌武胜门外塘角旧恺字营。起义爆发后，随部参加了攻克湖广总督署、占领武昌城的战斗。鄂军都督府成立后，随混成协炮队编入革命军第八协，参加了著名的阳夏战争。1946年列名辛亥首义同志会。

辛亥首义同志会成立于1946年6月15日，共登记会员1644人。其宗旨为："表扬首义事迹，树立永久纪念"。缘起为："辛亥之役，武昌首举义旗，各省次第响应，不三越月（疑笔误：不越三月），满清覆亡，中华民国之名，已如旭日初升，光芒照耀寰宇间。是役也，以最短时期，成空前伟业，势若反掌。说者易之，不知当时清廷，令大军南下，冀一鼓而下武汉，但我军同志，均受国父三民主义所熏淘（陶），故以少数之师，与敌一战于汉口，再战于汉阳，前仆后继，无不以一当百，终阻敌于大江以北，其英勇壮烈之气，诚足泣鬼神而动天地。今者中华民国立国已逾三十五载，多数同志早已为国捐躯，其幸存者亦皆垂垂老矣，且尘海浮沉散漫无稽。常于首义公园内，见有三五折足断臂者……日蹀躞于黄鹤楼畔，览艰难缔造之河山……嗟呼，滔滔江水，故步难寻，矍铄马援……辛亥史迹，若不及早探寻，据事实录，转瞬人世代谢，辎轩何从采辑。我等爰召集同志组织斯会，于本年春初，开始筹备，六月十五日，即告成立，计所登记同志约有千余人，庶几皤皤壮士，舒豪气于一堂，点点鸿泥，留爪痕于异代。"辜文斌的辛亥首义同志会会员证书是研究辛亥武昌首义参战部队、人员及后世辛亥革命纪念的重要史料，由其后裔辜春霞于1982年10月捐赠予辛亥革命武昌起义纪念馆。

撰稿：李媛丽

辛亥武昌首义文物

○萧鸿升的辛亥首义同志会会员证书

　　萧鸿升的辛亥首义同志会会员证书，三级文物。1946年颁发，纸质。纵11厘米，横7厘米。封面封底以蓝棉布装裱。封面居中竖印"辛亥首义同志会会员证书"金字。证书内右页上半部印有萧鸿升黑白证件照，下半部依次横排：萧鸿升黑白照、"姓名 萧鸿升""年龄 六十七岁""籍贯 湖北省黄冈县""步四二标第七号"。除此，还有三枚朱印钤于页面上。内左页自右向左依次竖排"附记"：一、本证为证明本会会员身份之用；二、本证不得转借或涂改及营业等事；三、本会会员不得违背国家民族及三民主义之言行，经监事考查，实有违背情事者，即开除其会籍；四、本证如有遗失不便补发，准其登报声明报会备查。附记下层钤有长方形篆体朱印，内容为："辛亥首义同志会图记"。最左侧竖排有会员证印制的时间："中华民国三十五年十月 日"。

  萧鸿升，亦作鸿陞，生于1883年，湖北黄冈人。1911年10月10日夜武昌攻克后，革命党人推黎元洪为鄂军都督府都督，萧鸿升任事于都督府。1946年列名辛亥首义同志会。

  辛亥首义同志会会址设于首义公园内。成立之初推举居正为理事长，何成濬为代理事长，其成员有程潜、陈果夫、王正廷、万耀煌等。

  萧鸿升的辛亥首义同志会会员证书是研究辛亥武昌首义的重要史料，由其后裔萧咏山于2006年4月捐赠予辛亥革命武昌起义纪念馆。

撰稿：李媛丽

辛亥武昌首义文物

○张玉山的辛亥首义同志会会员证书

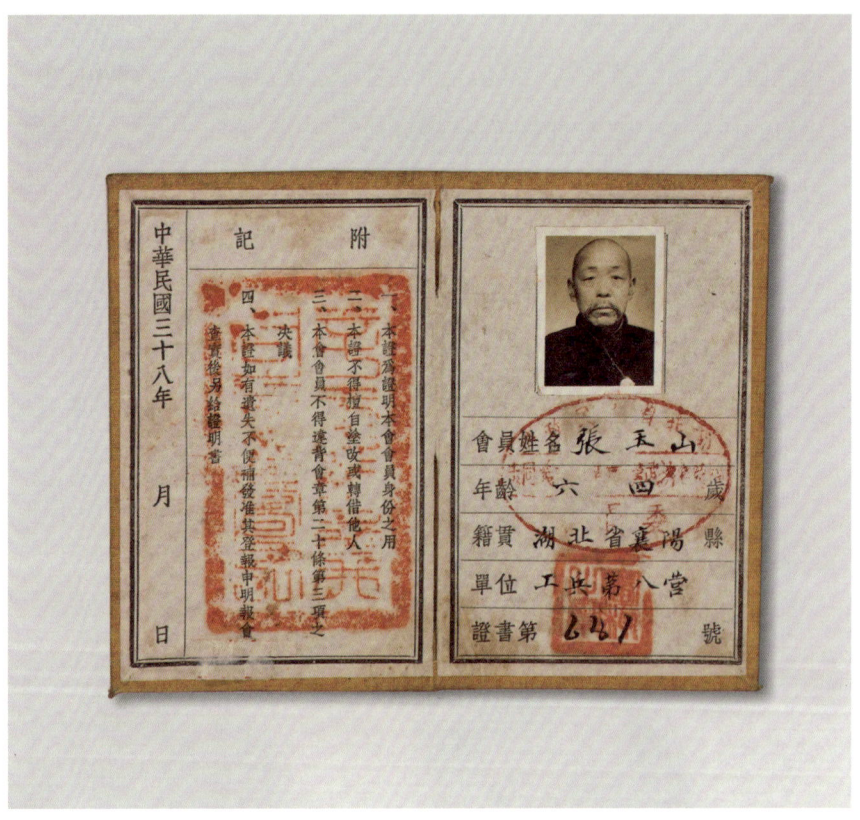

　　张玉山的辛亥首义同志会会员证书，三级文物。1949年颁发，纸质。纵11厘米，横7厘米，封面封底以金黄色棉布糊裱。封面居中纵向长方形框内印"辛亥首义同志会会员证书"烫金字，烫金多数脱落，内页右上为张玉山纵3.6厘米，横2.7厘米的黑白照片，其下铅印及墨书"会员姓名 张玉山""年龄 六四岁""籍贯 湖北省襄阳县""单位 工兵第八营""证书第681号"。右侧钤机构章和经办人私章各一，朱印，印迹模糊。证书左侧铅印"附记"为：

"一、本证为证明本会会员身份之用；二、本证不得擅自涂改或转借他人；三、本会会员不得违背会章第二十条第三项之决议；四、本证如有遗失不便补发，准其登报申明，报会查实后，另给证明书。"另"辛亥首义同志会图记"长方形朱印钤于"附记"下方，篆体，朱文。附记左侧铅印证书颁发日期"中华民国三十八年 月 日"。

张玉山（1885—？），别号纯清，湖北襄阳人。武昌起义前为湖北陆军第八镇工程第八营士兵。由袁树楠介绍加入共进会。汉口宝善里失事次日，在寓所与革命党人张得胜、陈明太、胡文卿一起被捕。武昌起义胜利后出狱，任鄂军都督府奋勇军稽查。

1946年，湖北籍辛亥首义同仁有鉴于"览艰难缔造之河山"，担忧"辛亥史迹，若不及早探询，据事实录，转瞬人世代谢，辎轩何从采辑"。遂倡议成立辛亥首义同志会，得到当时湖北省政府、省参议会、国民党省党部的支持。居正任理事长，陈果夫、程潜等任指导员，邓玉麟、向海潜等任理事。辛亥首义同志会以"表扬首义事迹树立永久纪念"为宗旨，编撰辛亥首义革命实录，修建首义烈士祠、烈士墓及战地纪念物，兴办首义同志子弟学校、抚恤首义伤员和烈士遗属，印制辛亥首义同志会会员名册，并收集首义历史资料等。持有辛亥首义同志会会员证及辛亥首义同志会徽章的会员除了可证明参加过辛亥首义外，还可享受政府的系列优抚政策，成为当时最有影响的辛亥革命纪念组织。

张玉山1946年加入辛亥首义同志会，为首批会员，此证为1949年再次颁发（补发）。根据1949年证书"附记"，辛亥首义同志会这一年修改了有关规定，并为遗失证书的会员补发了会员证书。

张玉山的会员证书是研究辛亥武昌首义历史、首义参战部队、人员以及首义同志会的重要史料。

该证书由后裔张克泉、陈桂兰于 1981 年 11 月捐赠予辛亥革命武昌起义纪念馆。

撰稿：李邱军

○张金榜的辛亥首义同志会会员证书

　　张金榜的辛亥首义同志会会员证书，三级文物。1949年颁发，纸质，纵11厘米，横7厘米，封面封底以金黄色棉布糊裱。封面居中纵向长方形框内印"辛亥首义同志会会员证书"烫金字，烫金多数脱落。内页右上为张金榜纵3.6厘米，横2.7厘米黑白照，其下铅印或墨书"会员姓名 张金榜""年龄 六〇岁""籍贯 湖北省襄阳县""单位 工兵第八营""证书第682号"。下侧居中钤经办人私章，朱印，印迹模糊。内页左侧"附记"为："一、本证为证明本会会员身份之用；二、本证不得擅自涂改或转借他人；三、本会会员不得违背会章第二十条第三项之决议；四、本证如有遗失不便补发，准其登报申明报会查实后，另给证明书。"另"辛亥首义同志会图记"长方形朱印钤于"附记"下方，篆体，朱文。附记左侧为证书颁发日期"中华民国三十八年 月 日"。

张金榜（1886—?），湖北襄阳人。武昌起义前为新军第八镇工程第八营士兵，驻扎在楚望台军械库。1911年10月10日晚，工程第八营率先打响了辛亥革命武昌起义第一枪，张金榜随部队参加了攻占楚望台军械库和湖广总督署的战斗。鄂军都督府成立后，编入革命军第五协，参加了著名的阳夏战争。

张金榜1946年加入首义同志会，为首批会员，此会员证为1949年再次颁发（补发）。根据1949年证书"附记"，辛亥首义同志会这一年修改了有关规定，并为遗失证书的会员补发了会员证书。张金榜的辛亥首义同志会会员证书是研究辛亥武昌首义历史及辛亥首义同志会的重要史料。

该证书由其后裔张克泉、陈桂兰于1981年11月捐赠予辛亥革命武昌起义纪念馆。

撰稿人：李邱军

○金华庭的辛亥首义同志会会员证书

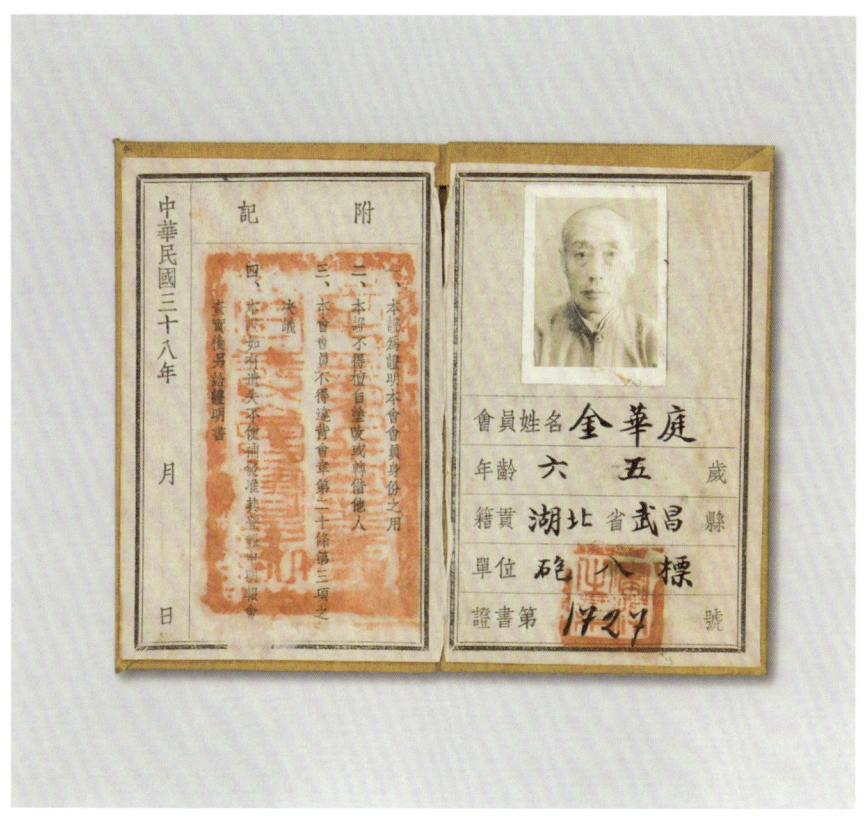

　　金华庭的辛亥首义同志会会员证书，三级文物。1949年颁发，纸质，纵11厘米，横7厘米，封面、封底以黄棉布糊裱。封面居中纵向长方形框内印"辛亥首义同志会会员证书"烫金字，烫金多数脱落，内页右上为金华庭纵3.6厘米，横2.7厘米黑白照，其下铅印或墨书"会员姓名 金华庭""年龄 六五岁""籍贯 湖北省武昌县""单位 炮八标""证书第1727号"。右下居中钤经办人私章，朱印，印迹模糊。证书左侧"附记"为："一、本证为证明本会会员身份之用；

辛亥武昌首义文物

二、本证不得擅自涂改或转借他人；三、本会会员不得违背会章第二十条第三项之决议；四、本证如有遗失不便补发，准其登报申明报会查实后，另给证明书。"另"辛亥首义同志会图记"长方形朱印钤于"附记"下方，篆体，朱文。附记左侧为证书颁发日期"中华民国三十八年 月 日"。

金华庭（1884—？），湖北武昌人。武昌起义前为新军第八镇炮队第八标士兵，起义爆发时，随炮八标入城。列炮阵于蛇山，参加了炮击湖广总督署和藩署的战斗。鄂军都督府成立后，编入革命军炮队，参加了著名的阳夏战争。

金华庭是否为第一批首义同志会会员不详，此会员证为1949年颁发。金华庭的辛亥首义同志会会员证书是研究辛亥武昌首义历史、辛亥首义参战部队、人员以及辛亥首义同志会的重要史料。

该证书由其后裔金德贤于1981年11月捐赠予辛亥革命武昌起义纪念馆。

撰稿：李邱军

○ 钟明发的辛亥首义同志会会员证书

钟明发的辛亥首义同志会会员证书，三级文物。1949年颁发，纸质，封面封底以黄棉布装裱。纵11厘米，横7厘米。封面居中印"辛亥首义同志会会员证书"金字，内页右上为钟明发黑白照，其下铅印或墨书"会员姓名 钟明发""年龄 六十四岁""籍贯 湖北省黄陂县""单位 步队第三十标""证书第158号"，右下居中钤一朱印，印迹模糊。证书左侧"附记"为："一、本证为证明本会会员身份之用；二、本证不得擅自涂改或转借他人；三、本会会员不

辛亥武昌首义文物

得违背会章第二十条第三项之决议;四、本证如有遗失不便补发,准其登报申明报会查实后,另给证明书。"另"辛亥首义同志会图记"长方朱印钤于"附记"下,篆体,朱文。附记左侧为证书颁发日期"中华民国三十八年 月 日"。

钟明发(1885—?),湖北黄陂人,武昌起义前为陆军第八镇第十五协第三十标士兵,驻扎在武昌右旗(今紫阳路一带)。起义爆发后,随部参加了攻克湖广总督署、占领武昌城的战斗。鄂军都督府成立后,随第三十标编入革命军第四协,参加了著名的阳夏战争。1949年加入辛亥首义同志会。

辛亥首义同志会是由湖北籍的武昌首义志士,为了纪念辛亥首义,发起创立的辛亥革命纪念组织。1946年6月15日,该组织在武昌首义公园召开成立大会,次日,召开第一次会员代表大会,选举产生了辛亥首义同志会监理事。大会选举居正为理事长,何成濬为代理事长,李春萱、梁维亚等为常务理事,张难先等为常务监事,并通过了《辛亥首义同志会章程》。辛亥首义同志会成立之后,积极开展各项工作,纪念辛亥革命。作为当时全国最大的辛亥革命纪念组织,该会的活动,在全国范围内产生了重要影响,推动了全国的辛亥革命纪念工作。

钟明发的辛亥首义同志会会员证书是研究辛亥武昌首义的重要史料。该证书一直由其后裔钟善珍、冯月清珍藏,1981年11月捐赠予辛亥革命武昌起义纪念馆。

撰稿:董芙蓉

○ 黄正文的辛亥首义同志会会员证书

黄正文的辛亥首义同志会会员证书，三级文物。1949年颁发，纸质。封面封底以黄棉布装裱。纵11厘米，横7厘米。封面居中印"辛亥首义同志会会员证书"金字，内页右上为黄正文黑白照，其下铅印或墨书"会员姓名 黄正文""年龄 六六岁""籍贯 湖北省鄂城县""单位 步队三十标""证书第798号"，右下居中钤一朱方印，印迹模糊。证书左侧"附记"为："一、本证为证明本会会员身份之用；二、本证不得擅自涂改或转借他人；三、本会会员不得违背

辛亥武昌首义文物

会章第二十条第三项之决议；四、本证如有遗失不便补发，准其登报申明报会查实后，另给证明书。"另"辛亥首义同志会图记"长方朱印钤于"附记"下，篆体，朱文。附记左侧为证书颁发日期"中华民国三十八年 月 日"。

黄正文（1883—？），湖北鄂城人，武昌起义前为陆军第八镇第十五协第三十标第二营右队士兵，驻扎在武昌右旗（今紫阳路一带）。起义爆发后，随部参加了攻克湖广总督署、占领武昌城的战斗。鄂军都督府成立后，随第三十标编入革命军第四协，参加了著名的阳夏战争。1949 年加入辛亥首义同志会。

辛亥首义同志会是由湖北籍的武昌首义志士，为了纪念辛亥首义，发起创立的辛亥革命纪念组织。1946 年 6 月 15 日，该组织在武昌首义公园召开成立大会，次日，召开第一次会员代表大会，选举产生了辛亥首义同志会监理事。大会选举居正为理事长，何成濬为代理事长，李春萱、梁维亚等为常务理事，张难先等为常务监事，并通过了《辛亥首义同志会章程》。辛亥首义同志会成立之后，积极开展各项工作，纪念辛亥革命。作为当时全国最大的辛亥革命纪念组织，该会的活动，在全国范围内产生了重要影响，推动了全国的辛亥革命纪念工作。

黄正文的辛亥首义同志会会员证书是研究辛亥武昌首义的重要史料。该证书一直由其后裔黄姣珍藏，1981 年 11 月捐赠予辛亥革命武昌起义纪念馆。

撰稿：董芙蓉

○ 戴宝珊的辛亥首义同志会会员证书

　　戴宝珊的辛亥首义同志会会员证书，三级文物。1949年颁发。纵11厘米，横7厘米。纸质，封面封底均以黄棉布装裱。封面居中印"辛亥首义同志会会员证书"金字，内页右上为戴宝珊黑白照，其下铅印或墨书"会员姓名　戴宝珊""年龄　五八岁""籍贯　湖北省汉阳县""单位　混马""证书第1115号"，下居中钤一朱印，印迹模糊。证书左侧"附记"为："一、本证为证明本会会员身份之用；二、本证不得擅自涂改或转借他人；三、本会会员不得违背会章第二十条第三项之决议;四、本证如有遗失不便补发,准其登报申明报会查实后,另给证明书。"另"辛亥首义同志会图记"长方朱印钤于"附记",篆体,朱文。颁发日期为"中华民国三十八年 月 日"。

戴宝珊(1891—?),湖北汉阳人,武昌起义前为新军第二十一混成协马队士兵,驻扎在武昌南湖炮队附近。起义爆发时,混成协马队与同驻南湖的第三十二标、马队第八标的革命士兵响应起义,由中和门(今起义门)入城,参加了攻占湖广总督署的战斗。炮队和马队入城,壮大了起义军的革命力量,给敌人予以沉重打击,是武昌首义成功的重要保证。鄂军都督府成立后,戴宝珊随部队编入革命军,参加了著名的阳夏战争。1949年加入辛亥首义同志会。

戴宝珊的辛亥首义同志会会员证书是研究辛亥革命武昌起义的重要史料。该证书由其后裔戴伟红珍藏,2001年7月捐赠予辛亥革命武昌起义纪念馆。

撰稿:陈清

○汪开顺的辛亥首义同志会会员证书

　　汪开顺的辛亥首义同志会会员证书，三级文物。1949年5月颁发。纵11厘米，横7厘米。纸质，封面封底均以黄棉布装裱。封面居中印"辛亥首义同志会会员证书"金字，内页右上为汪开顺黑白照，其下铅印或墨书"会员姓名 汪开顺""年龄 六五岁""籍贯 湖北省随州县""单位 骑八标""证书第1531号"，钤"骑字"及一朱印，印迹模糊。证书左侧印有"附记"，清晰记录会员应遵守的章程。篆体、朱文盖有"辛亥首义同志会图记"。颁发日期为"中华民国三十八年五月 日"。

汪开顺，1884年出生，湖北随州人。武昌起义前为新军第八镇骑八标士兵，起义爆发时，随骑八标入城参加战斗，由于该部队主要承担通讯任务，当时被称为"传骑队"。鄂军都督府成立后，随骑八标编入革命军马队，参加了著名的阳夏战争。1949年5月加入辛亥首义同志会。

据文献资料记载，辛亥首义同志会是辛亥革命纪念组织中最有影响的一个。抗战胜利后，湖北籍的首义人员"览缔造河山之艰难"，担忧"辛亥史迹，若不及早探询，据事实录，转瞬人事代谢，牺轩何从采辑"。遂在1946年6月15日成立以居正为理事长的辛亥首义同志会。首义同志会创办了首义学校，招收首义人员遗属就学，成立办事处，印制辛亥首义同志会会员名册，表列姓名、籍贯、住址等名目，并收集首义历史资料。持有"两证"的会员除了可证明其参加过辛亥武昌首义外，还可享受政府的系列优抚政策。1946年登记会员有1644名。

汪开顺的辛亥首义同志会会员证书是研究辛亥革命武昌起义的重要历史资料。该证书一直由其后裔汪志仁珍藏，1981年11月捐赠予辛亥革命武昌起义纪念馆。

撰稿：陈清

○ 徐元音的共和党证书

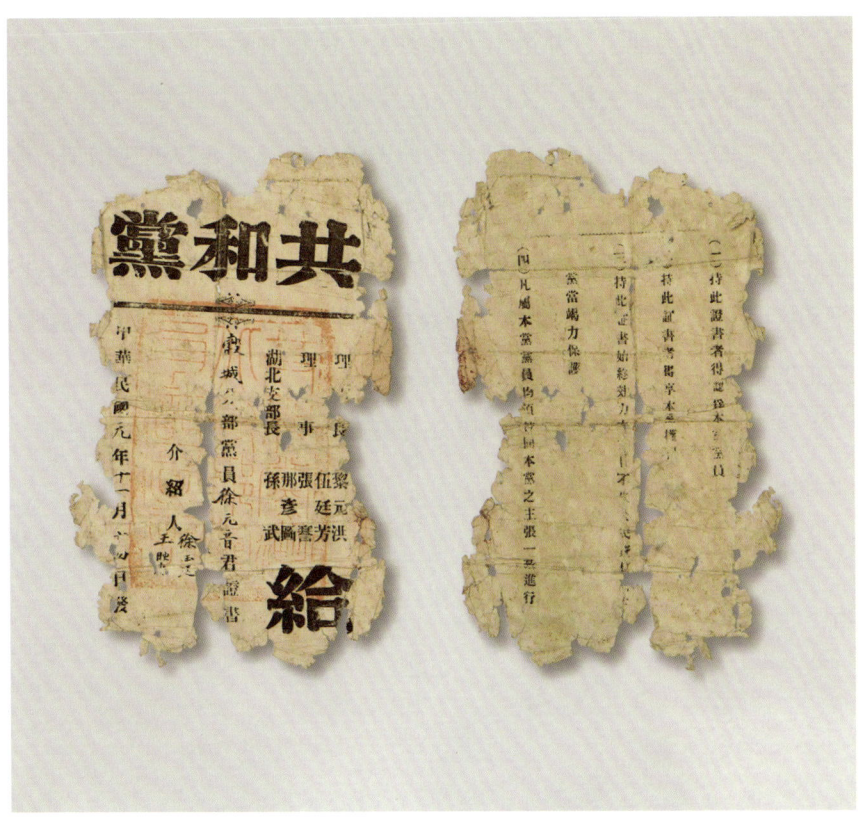

  徐元音的共和党证书，三级文物。纸质，纵 21 厘米，横 13.4 厘米。双面印刷。证书残损严重。正面上端居中印有"共和党"三字，横线下自右向左印有"理事长黎元洪""理事伍廷芳、张謇、那彦图""湖北支部长孙武""给""谷城分部党员徐元音君证书""介绍人徐玉□、王□□""中华民国元年十一月十四日发。"共和党湖北支部朱印铃理事长至介绍人字迹之间，篆字。背面横线下自右而左竖行印有"（一）持此证书者得认为本党党员；（二）持此证书者得享本党权利；（三）持此证书者始终效力□□□□□□党当极力保护；（四）凡属本党党员均须赞同本党之主张一致进行。"

共和党，民国初年政党，1912年5月9日成立于上海。由统一党、民社、民国公会、国民党等合并而成。黎元洪为理事长，伍廷芳、张謇、那彦图等为理事，并选出干事多人。设置有参议院讨论会、政谈会、政务研究部等机构，又设置交际员100余人。共和党共有支部34个，国内27个，国外7个。随着组织的发展，党员人数迅速增加，全国人数不低于10万人。其规模、地位仅次于当时的国民党。宗旨为"保持全国统一，取国家主义；以国家权力扶持国民进步；应世界大势，以平和实利立国"等。共和党实际受袁世凯操纵，是民国初年国民党在国会中的主要竞争对手。徐元音，湖北谷城人，其生平不详。

该证书1988年1月由徐元音外孙聂启诚捐赠予辛亥革命武昌起义纪念馆。

撰稿：章猗

四、徽　章

○孙中山先生纪念章

孙中山先生纪念章，三级文物。中华民国中期，铜质徽章。圆形，直径2.8厘米，厚0.2厘米。顶部有环状凸起，便于佩戴。纪念章正面为孙中山先生着中山装正视前方半身像，头像上方楷书"孙中山先生"，背面楷书"总理遗嘱：余致力国民革命，凡四十年，其目的在求中国之自由平等。积四十年之经验，深知欲达到此目的，必须唤起民众，及联合世界上以平等待我之民族，共同奋斗。现在革命尚未成功。凡我同志，务须依照余所著《建国方略》《建国大纲》

《三民主义》及《第一次全国代表大会宣言》,继续努力,以求贯彻。最近主张开国民会议及废除不平等条约,尤须于最短期间,促其实现。是所至嘱!"

  1925年孙中山病笃,其子孙科与汪精卫、戴季陶等国民党要员唯恐总理未留遗嘱即辞世,遂商议为其代拟遗嘱,由汪精卫于2月24日写下,一说起草者为戴季陶。据说孙中山对内容很满意,一字未改,于3月11日在妻子宋庆龄的协助下补签,翌日逝世。遗嘱署名的见证者尚有宋子文、孔祥熙、何香凝、邹鲁等国民党党政要员。遗嘱共分两部分,第一部分总结40年来革命成果,并为后来革命指明方向,第二部分为交代身后家事。此纪念章刻的是遗嘱的第一部分。

  1927年南京国民政府成立后,专称孙中山先生为"总理",1940年4月1日,孙中山正式被尊为中华民国的"国父",因此《总理遗嘱》又称为《国父遗嘱》。孙中山先生的个人形象和总理遗嘱是当时重要的政治符号,出现在中华民国时期各种场合和器物上,这枚孙中山先生纪念章即是此种现象的重要体现。

  该纪念章1987年由湖北省博物馆移交给辛亥革命武昌起义纪念馆入藏。

撰稿:李邱军

○孙中山先生安葬纪念章

孙中山先生安葬纪念章,三级文物。1929年,机制冲压红铜徽章。圆形,直径7.6厘米,厚0.4厘米,重152克。纪念章正面是孙中山着中山装、目光炯炯直视前方的浮雕头像,背面为中山陵祭堂图案,上方环形铸印吴敬恒篆书"孙中山先生安葬纪念 中华民国十八年三月十二日",侧边铸有纪念章制造单位美国纽约密代力克艺术公司的名称"MEDALLIC ART CO.N.Y"和编号"8218"。每枚纪念章用一个蓝绫镶制的盒子盛装,此枚纪念章原盒缺失。

1925年3月12日孙中山在北京逝世后，其灵柩暂厝西山碧云寺。随着北伐的胜利和南京国民政府的建立，在形式上实现了国家统一，更由于孙中山陵寝——中山陵的营建，国民党中央和国民政府开始筹备移灵事宜。1929年1月14日，南京国民政府成立了"总理奉安委员会"。1929年春南京中山陵建成，5月21日，由南京开出的迎灵柩专列抵达北京。25日夜，灵柩在30多万人的护送下，从香山抬往前门车站。26日下午，专列在北平（北京）全市工厂的汽笛声及礼炮声中徐徐开动。27日蒋介石夫妇在安徽蚌埠迎灵。28日上午10时，灵车抵浦口。国民党出动海陆空三军、南京政府官员及市民齐聚迎灵，灵柩由"威胜号"军舰移过长江，送至南京国民党中央党部大厅。5月29至31日为"公祭日"，公祭三天。6月1日为"奉安日"，上午10时15分，由蒋介石主持，举行安葬典礼，孙中山灵柩葬于南京中山陵，这是中国国民党史上最隆重的葬礼，史称"奉安大典"。

　　孙中山先生安葬纪念章，是孙中山葬事筹备委员会在1928年12月1日举行的第63次会议上决议向美商定制的，总数为两万枚，参加大典的国民党党政军界、民众团体、社会名流、海外华侨各方面代表，以及外国专使和贵宾，均获赠此章和一本《哀思录》，作为纪念。奉安大典之期原定于1929年3月12日，即孙中山逝世4周年纪念日，但是中山陵工程此时尚未完全竣工，遂展延至5月底举行。奉安大典日期变更，而当时纪念章已铸成，故形成了像章日期上"中华民国十八年三月十二日"的误差。

　　"奉安大典"是国民党在北伐胜利后结束军阀割据的一次重要的政治活动，孙中山先生安葬纪念章作为此项重大历史事件的见证物，具有重要的历史价值。1987年由湖北省博物馆移交给辛亥革命武昌起义纪念馆入藏。

撰稿：李邱军

○清"湖北谘议局议员"证章

  清"湖北谘议局议员"证章,二级文物。证章为银制,直径 6.3 厘米。其正面正中球形凸起处刻有"议员"字样,凸起底部有极小的凸起圆点环饰;圆点圈外由双龙戏珠图案围绕,其中珠也为凸起球形;双龙外围也有同样的圆点环饰,此圆点圈外由十个类似祥云的图案拼接围成证章的最外围,上半部分五个祥云图案中分别刻有"湖北谘议局"字样;证章正面字样均为楷体。其背面刻有"武昌日新银楼"字样。

清朝末年，清王朝面临着严重的内忧外患，岌岌可危，立宪救国的思潮应运而生。清政府为维持统治，宣布"预备立宪"，试图通过政治改革来挽救其衰亡的命运，谘议局正是在这样的历史背景下诞生的。1909年10月14日湖北谘议局与各省谘议局（除新疆省外）同时成立。湖北谘议局的议员，依照清政府颁布的《谘议局章程并议员选举章程》选出，其中普通议员80名、专额议员3名，共83名。各地议员分布较为均匀，具有较为一定的代表性。谘议局常年会是行使谘议局权力的主要平台，除此之外湖北谘议局还设有常驻议员会、谘议局办事处及专门的议案审议委员会，这些组织的设立为谘议局的有效运行创造了条件。

　　湖北谘议局的议事程序较为合理，议案的审理公正、公开，其表决以少数服从多数为原则。此外，清廷还赋予了其部分立法及监督行政之权，这必然触及督抚的权威地位，双方相互制约，又须协同工作，两者既有争斗，也不乏合作。湖北谘议局在存续的两年多里，在议案的审议上尽职尽责，为澄清吏治、振兴实业、减轻商民负担、发展教育等方面做出了不懈努力。除了在地方政治事务中发挥作用外，湖北谘议局还积极参与、领导了区域性乃至全国性的运动，不仅领导湖北民众发起了轰轰烈烈的保路运动，还在国会请愿运动、"倒阁"运动中扮演着重要的角色。武昌起义爆发后，湖北谘议局襄助革命，予革命派以重大支持，对巩固、扩大革命成果起到了重要的作用。这枚银质"湖北谘议局议员"证章，应是湖北谘议局当选议员佩戴于身的标志物，背面"武昌日新银楼"，应为此证章制作单位。

　　该证章现藏于辛亥革命博物馆。

撰文：尤海

○湖北都督府办公证

　　湖北都督府办公证，三级文物。中华民国初年机制冲压徽章。银质，圆形。直径2.6厘米，厚0.25厘米。正面上部为五色旗和铁血十八星旗交叉图案，旗下阳镌楷书"办公证"三字，背面冲压楷书"湖北都督府"和"第　号"字样，两段之间以花带分隔，阴刻编号"肆壹"于"第　号"之间，顶部有链环。

南北议和后，中华民国临时政府北迁，袁世凯继任中华民国临时大总统，定都北京。其控制的北洋政府于1912年7月正式任命黎元洪为湖北都督，鄂军都督府改为湖北都督府。湖北都督府原设于武昌阅马场的清末湖北谘议局内，1912年12月16日迁至前清总督署（今武昌造船厂附近），署内设参谋长、秘书长和军务、军需、军医、军法4课，主管湖北军务，统率鄂军。黎任都督时，将湖北民军8个师、1个混成旅、1个马队旅共10万余人，缩编成3个师和2个混成旅。先后任参谋长的有杨开甲、吴醒汉、金永炎，秘书长陈廷英。1913年12月，袁世凯为完全控制湖北，将副总统黎元洪骗至北京任职，命段祺瑞代理湖北都督。1914年2月，段芝贵继任湖北都督。

为保障中枢安全，都督府特制发都督府办公人员办公证，都督府内办公人员需携带办公证出入，以备查验。起初办公人员证件多为布条，简单写明所属机构、姓名，别于胸襟；勤杂人员出入都督府也需要证件，如随身携带木质"木匠"牌、"听差"牌等。此枚办公证是正式人员证章，时间稍后，材质较好，制作精良。

湖北都督府办公证是中华民国初年湖北政局变动的重要见证物，有很高的文物价值。2003年从私人收藏家处征集，现藏于辛亥革命武昌起义纪念馆。

撰稿：李邱军

○鄂军教导团徽章

鄂军教导团徽章,一级文物。1912年制铁质烤漆胸章。黄底,椭圆形,表面覆膜,长轴7厘米,短轴4.5厘米,厚0.5厘米。背面以曲别针佩挂。徽章正面中上部为两面铁血十八星旗交叉图案,旗杆相交处装饰黄色稻穗花结,正中竖印楷体"鄂军教导团"字样,徽章下部饰以牡丹一朵,寓意国家昌盛、人民富贵吉祥,两侧点缀数朵梅花,寓意湖北革命党人奋勇当先、不惧牺牲、坚韧不拔的革命精神。

鄂军教导团由湖北新军第八镇步兵第十六协第三十一标暨第三十二标第一营改编。1911年四川爆发保路运动，9月，清廷派铁路大臣端方率上述部队经宜昌入川扑灭保路风潮。11月26日，该部在资州（今资中）发动起义，杀死端方，回师援鄂，并一路协助当地革命党人建立革命政权。1912年该部回鄂谒见都督黎元洪，并呈缴万县协济盐款二十万两，获黎元洪嘉奖银元一万元。后被改编为鄂军教导团。原第三十一标第一营督队官陈镇藩为团长，查喻为副团长，全团编步队四个大队、炮兵一个中队。成立初期，该部主要担任鄂军都督府护卫，后期兼顾维持市面秩序。1913年3月2日，为节省军费开支，该部被黎元洪以"志愿退伍自应照准"解散。

此徽章构图精巧，色泽艳丽，寓意深刻，历史信息丰富，反映了辛亥革命时期入川鄂军毅然杀端方以响应武昌起义，有力推动川东革命进程的重大历史事件，对研究四川保路运动及辛亥革命有着特殊的价值，是一件罕见的辛亥革命见证物。

该徽章1987年由湖北省博物馆移交给辛亥革命武昌起义纪念馆入藏。

撰稿：李邱军

辛亥武昌首义文物

○共和党徽章

　　共和党徽章，三级文物。中华民国初年制造，紫铜胎景泰蓝徽章。圆形，直径3.1厘米，厚0.2厘米。章面掐丝填红、黄、绿三色珐琅釉呈四叶稻穗，环抱掐丝楷体"共和党"三字，满填黑色珐琅釉，徽章反面满填天蓝色珐琅釉，大部分已脱落。章上有环。

共和党为民国初年政党,1912年5月9日成立于上海。为抗衡同盟会,受袁世凯操控,由统一党、民社、国民协进会、民国公会、国民党、国民共进会六政团合并组成。其宗旨为"保持全国统一,取国家主义;以国家权力扶持国民进步;应世界大势,以平和实利立国"等。设置有参议院讨论会、政谈会、政务研究部等机构,共有支部34个,国内27个,国外7个。随着组织的发展,党员人数迅速增加,全国人数不低于10万人,其规模仅次于当时的国民党。黎元洪为理事长,伍廷芳、张謇、那彦图等为理事,林长民、汤化龙、唐文治、刘成禺等人任干事。1913年5月共和党与民主党合并为进步党。

因共和党存在历史时间短,有关物品留存稀少。此徽章为共和党党员佩戴徽章,色彩鲜艳、线条流畅、造型别致,反映了中华民国初年国内多党共存的政治局面,富有历史内涵。

该徽章系2002年从私人收藏家处征集,现藏于辛亥革命武昌起义纪念馆。

撰稿:李邱军

辛亥武昌首义文物

○进步党徽章

　　进步党徽章，三级文物。民国初年制造，铜质机制冲压徽章。圆形，金黄色。直径2.6厘米，厚0.2厘米。上置挂环，饰侧身链。正背双面外侧均饰一圈齿轮纹饰，正面有双穗嘉禾饰带捧花形状，正中竖向为"进步党"三个篆字；背面为海水旭日东升图，海浪波光如鳞片层叠，半轮圆日出海，外放九道光芒，以示朝气蓬勃。徽章暗喻了蒸蒸日上、政治清明之意。

进步党为民国初年政党，1913 年，在梁启超、王赓等人推动下，由共和党（黎元洪）、民主党（梁启超）、统一党（张謇）三党合并而成。袁世凯鉴于正式国会成立，国民党议员占多数席位，幕后支持进步党。5 月 29 日，三党在北京举行全体党员大会，宣布合并，改组为进步党。该党以黎元洪为理事长，梁启超、汤化龙、张謇、伍廷芳、那彦图、孙武、王揖唐、蒲殿俊、王印川共九人为理事。冯国璋、蔡锷、汪大燮、熊希龄等 23 人为名誉理事，林长民为秘书长。党总部分政务、党务两部，由林长民、丁世峄分任部长，两部之下又设 13 科，各科共有干事 600 余人，参议 240 余人。本部设在北京，支部遍布于国内外。该党"欲将全国政治导入轨道""欲造成一种可为模范之政党""采取国家主义，建设强善政府；尊重人民公意，拥护法赋自由；顺应世界大势，增进平和实利"。主张两党竞争执政，在"腐败政治"和"暴民专制"之间做和平改革，实质是想联合袁世凯，建立开明的中央政权，然后在此基础上实行政治改造，逐步确立完善的民主共和制。该党初立时，支持袁世凯与国民党对立，支持袁担任正式大总统，在国会中是第二大党，并与在国会中占多数席位的国民党对抗。1915 年袁世凯复辟帝制时，进步党人与其决裂，旗帜鲜明地反对复辟，投身护国运动的蔡锷即为进步党党员。护国战争爆发后，进步党与其他各方反袁爱国人士一同结成护国讨袁的联合战线，最后粉碎了袁世凯复辟帝制的幻想。至 1916 年以后，进步党逐步解体。辛亥革命后出现了各种党派组织，作为特定历史时期和特殊政治环境的产物，多数党派仅仅是昙花一现。"进步党"即是民国初年的党派之一。流传至今的进步党徽章，线条流畅，纹饰精美，造型别致，寓意深远，对于研究民国初年政治具有重要意义，是一件见证民国初年政情的重要文物。

该徽章 2001 年 8 月由武汉海关移交辛亥革命武昌起义纪念馆入藏。

撰稿：李珂馨

——— 辛亥武昌首义文物

○ 熊秉坤勋五位章

　　熊秉坤勋五位章，三级文物。银胎景泰蓝徽章，星形。直径6.4厘米，厚1.5厘米，重50克。背面以别针佩挂。配脱胎黑漆盒，纵10厘米，横8.2厘米，高2厘米，盒面篆书"勋五位章"。

熊秉坤勋五位章主图案分三层，从内到外依次为：最内层为圆形，红底嵌珠，珠四周饰叶穗；中间层辅以四轮，分别饰黄、白、蓝、黑色珐琅，金色轮边，黄、黑二轮上各嵌一珠，二珠以表示勋五位等级；最外层为八片绿色的牡丹花叶纹饰，叶茎为银色，衬于四轮之下。

1912年8月8日公布的勋位令中规定：凡民国人民有勋劳于国家或者社会者授予勋位，勋位分为大勋位、勋一位、勋二位、勋三位、勋四位、勋五位共6个等级。1913年公布的勋位授予条例中规定："勋位徽章式，银质，饰金圆形铸牡丹花纹，央圆版，饰红色嵌珠，辅以四轮，饰黄、蓝、黑、白色，各嵌珠以办等差；大勋位十二珠，勋一位十珠，勋二位八珠，勋三位六珠，勋四位四珠，勋五位二珠；前项徽章均佩于胸左，当列于其他勋章之右。凡授予勋位者，依勋位令由铨叙局制办徽章、证书，勋位证书由铨叙局撰呈请，大总统署名盖印。"

熊秉坤（1885—1969），亦作炳坤，原名祥元，又名忠炳，字戴乾。湖北江夏（今武昌）人。早年投身湖北新军第八镇工程第八营当兵，后升为正目。曾入讲武堂工兵班、陆军将校讲习所参谋班。曾入日知会。1910年以工兵营同志身份参与圻春学社活动，1911年加入共进会，任工程第八营后队革命党目兵代表，参与筹划武昌起义。1911年10月9日，汉口、武昌机关相继遭破坏，革命党人群龙无首，熊秉坤率领工程第八营首先发难，占领楚望台军械库，发布攻打湖广总督署等号令，在攻打总督署战役中，率敢死队四十余人，浴血奋战，直破东辕门。鄂军都督府成立后，任民军第五协统领，参与军政要务。阳夏保卫战中，转战汉口刘家庙、大智门、六渡桥、满春茶园等地。11月16日带领总预备队反攻汉口未果，坚守汉阳待援，直至汉阳失守后退守武昌，反对南北议和。1912年初，任第三镇第五旅旅长。同年被授陆军少将军衔。1913年1月，被授予勋五位，颁发证书和勋章，之后参与倒黎反袁，其陆军少将军职以及勋五位一并被褫夺。1914 年，加入中华革命党。1926 年任国民革命军总司令部参事。1929 年任湖北省政府委员。1946 年列名辛亥首义同志会。1949 年后，历任湖北省人民委员会委员、湖北省人民政府参事室参事、全国政协委员等职。1969 年 5 月 31 日病逝于武昌。

孙中山曾在不同场合多次提到熊秉坤首先开枪发难之功，因此熊秉坤又有"熊一枪"之称，是辛亥革命武昌起义的标志性人物，此枚勋章可视为对他铁血发难、首义建功的充分肯定；其勋位的先授与后夺经历，也见证了民国初年纷繁复杂的政局，是民国初年历史的实物见证，具有较高的历史价值。

该勋章现藏于辛亥革命武昌起义纪念馆。

撰稿：李媛丽

○黎元洪奖鄂军教导团武功银章

　　黎元洪奖鄂军教导团武功银章,三级文物。1912年,机器冲压制胸章,银质,九角星形。直径4.4厘米,厚0.25厘米。徽章为变形的十八星旗图案,正中圆版镌"鄂军教导团武功",四周自右向左环以楷书"中华民国副总统黎奖"字样,下方饰两颗五角星。徽章上方有"寿"字图案挂钩,挂钩与徽章之间以饰链相连。徽章背面硬印"汉振华"银号名。

鄂军教导团前身为湖北新军陆军第八镇步兵第十六协第三十一标及第三十二标第一营。1911年9月上旬，鄂军第三十一标及第三十二标第一营的一部分队伍，由步队第十六协统领邓承拔、第三十一标统带曾广大率领，随同端方赴四川镇压保路风潮。11月26日，曾广大率入川鄂军在资州中学堂宣布反正，杀死端方及其弟端锦，举第三十一标第一营督队官陈镇藩为统领，回师援鄂，并一路协助当地革命党人建立革命政权。1912年初回到武昌，率全队谒见都督黎元洪，并呈缴万县协济盐款二十万两，黎元洪为犒劳陈镇藩及其将士，赏给银元一万元。不久，改编其为鄂军教导团。黎元洪在《奖励鄂军教导团勋绩文》中，称赞该团团员"戡乱川东，回援楚北，并能筹集巨款协助军饷，勋绩卓然"。据《鄂军教导团退伍章程》规定，每名退伍团员"发给奖牌一面，执照一张"，以作纪念。此奖牌即为"鄂军教导团武功银章"。

1913年，教导团将士鉴于国步艰难，库帑奇绌，不忍虚縻饷糈，自愿退归田里，禀呈全体退伍。都督黎元洪批准：照毕血会退伍章程，由原籍县分发给九年递减恩饷。各大队新生归并改编教练营，以黄应遴率之，全团干部人员暂支原薪，听候任用。之后，请照军事会议议决条件，按级给予慰劳金，一律退伍，并取消教导团机关。

黎元洪奖鄂军教导团武功银章设计别具一格，有较高的历史和艺术价值。该章2003从湖北省文物总店收购，现藏于辛亥革命武昌起义纪念馆。

撰稿：李媛丽

○ 文虎勋章

  文虎勋章，三级文物。民初银胎景泰蓝徽章，星形，外径 5.2 厘米，厚 0.6 厘米。徽章分三层，最内层直径 2 厘米的圆版内，一只尾巴向上竖起的老虎蹲坐于蓝天之下，绿草地之上。中间层为八角立体银色星状光芒，星芒一角上镌两颗五角星，最内层圆版和中间层星状光芒可以转动；最外层为八角立体五色星状光芒，五色分别为红、黄、蓝、白、黑。顶部有挂环。背面硬印"万宝新制"银号的戳记和编号"9X"。

文虎勋章属于军功章。据1912年12月6日公布的《陆海军勋章令》，文虎勋章是颁发给"民国陆海军人于平时战时著有勋劳，或非陆海军人及外国人于陆海军特别任务中著有勋劳者"。文虎勋章分一至九等，其中一、二等授予上等官佐，三至六等授予中、初等官佐及准尉见习军官，七等以下授予士兵。1913年4月改为一至四等授予上等官佐，三至六等授予中等官佐，四至七等授予初等官佐和准尉，六至九等授予士兵。由于勋章代表的是政府对于有勋劳军人的最高荣誉，因此勋章不同的种类、用法、形状、图案代表不同的功勋。其佩戴的位置、所搭配绶带的颜色也是有规定的：一、二等文虎勋章佩于左胸部大绶上方、普通章下方，一、二等有大绶一条，一等红色，二等黄色，佩于左肩至右肋下；三等文虎勋章佩于领下，四等至九等勋章，均用小绶，佩于上衣左襟之上；四等至六等绶用绿色，七等至九等绶用蓝色。各种勋章于着军礼服、军常服时，均可佩戴。但着常服佩戴一、二等勋章时，不佩大绶。已受一种勋章而更受同种上级之勋章者，其下级勋章缴部核销。若受他种勋章，无论是否同级，均得并佩。1927年，国民政府定都南京后，文虎勋章废止。

北洋政府时期，袁世凯利用颁发勋章抬高自身权威，笼络亲信，并收买革命党人，形成在"双十节"赏功的制度，革命功臣、北洋部属、地方实力派、清朝遗老，都被袁世凯纳入授勋的行列。这枚文虎勋章是民国初年勋赏制度及其实施情形的实物见证，具有较高的历史价值。

该章2004年从私人收藏家处收购，现藏于辛亥革命武昌起义纪念馆。

撰稿：李媛丽

○ 中华民国元年纪念章

  中华民国元年纪念章，三级文物。民初银胎仿珐琅彩徽章，心形，横4厘米，纵4厘米，徽章顶部两侧有环，穿侧身链。徽章正面上端为彩带状，自右向左楷书镌刻"中华民国元年"字样，带下为悬垂的两面旗帜，一边为五色旗，一边为十八星旗。背面正中上方印"长新"银号名称以及"纹银"质地。

五色旗，原为清朝海军一二品的官旗，辛亥革命时期江苏、浙江和上海等地革命党人多用此旗，是由红、黄、蓝、白、黑五种颜色横排而成的旗帜。同盟会刚成立时，以"反满"为推翻清政府的号召和手段，五色旗被当作汉族和"反满"的符号，之后，又被赋予"五族共和"的含义。十八星旗，全称"铁血十八星旗"，又称"九角十八星旗""九角旗"，本是革命组织共进会为了号召长江流域的革命力量而制作的旗帜。"铁血十八星旗"，由红、黄、黑三色组成，红底与黑九角象征"铁"与"血"，即革命须抱铁血主义。黑九角，代表《禹贡》中记载的冀、兖、青、徐、扬、荆、豫、梁、雍九州，九只角尖及角间的十八颗黄星，代指山海关以内以汉族为主体的十八行省，星呈金黄色，表示与清政府对立之汉族炎黄子孙，具有鲜明的革命性和时代特征。武昌起义时，湖北革命党人和响应武昌起义的省份，大多使用铁血十八星旗。中华民国临时政府成立后，临时参议院决议，以五色旗为国旗，以十八星旗加缀一星为陆军旗。

中华民国建立后，社会各界以各种方式纪念辛亥革命，纪念这个中国历史上划时代的伟大事件。十八星旗和五色旗交叉放置的图案，出现在瓷器、纺织品、金属器、钱币、证照、纪念章等物品上，象征共和成立、民国肇建，形成了中华民国时期为纪念共和特有的文化现象。

中华民国元年纪念章造型独特，画面线条流畅，有较高的历史和艺术价值。该纪念章2002年从私人收藏家处收购，现藏于辛亥革命武昌起义纪念馆。

撰稿：李媛丽

○黎元洪赠武汉纪念章

　　黎元洪赠武汉纪念章,二级文物。民初珐琅金属胸章,金色,星形,直径5厘米,厚0.5厘米。纪念章为1912年10月民元国庆之际所颁,正面正中白底圆版,饰五色旗和十八星旗交叉图案,其外一周镌"武汉纪念章"字样;背面正中为黎元洪戎装浮雕胸像,像上方镌黎元洪英文姓名,左下方标注大写英文"GOLD PLATE"(镀金)字样。整枚纪念章为十八星图案,四缘浮雕以三层橄榄叶。

辛亥武昌首义文物

1912年9月28日,中华民国临时大总统袁世凯发布命令,宣布经参议院决议国庆纪念日永远定为武昌起义之日即阳历10月10日。举行庆典包括"一放假休息;二悬旗结彩;三大阅;四追祭;五赏功;六停刑;七恤贫;八宴会"。1912年的10月10日为中华民国成立之后的第一个国庆日。武汉作为首义之区,当年纪念活动盛况空前,湖北军政府要员齐集武昌烈士祠前,举行隆重的国庆纪念活动,中央政府特派专员参加,各省也派代表与会。中华民国临时副总统兼湖北都督黎元洪定制了一批纪念章,颁发给起义有功人员。

黎元洪(1864—1928),字宋卿。湖北黄陂人。海军出身,隶属程璧光部下,早年在北洋海军服役,参加甲午战争,甲午战争失败后,投奔张之洞。后帮助张之洞编练湖北新军,升任湖北新军第二十一混成协统领。1911年武昌起义爆发,黎元洪在他的司令部坐镇,手刃革命士兵,为避免革命党人报复,到参谋刘文吉家躲匿,武昌起义胜利后,被起义士兵推为鄂军都督。1912年1月,南京临时政府成立,被推举为临时副总统,并兼湖北都督。1912年10月10日即中华民国国庆纪念日,被袁世凯授陆军上将、大勋位。1913年帮助袁世凯镇压"二次革命"。国会召开,被选为副总统。1914年6月,兼任参政院院长,1915年12月袁世凯称帝,册封黎元洪为武义亲王,黎不受。1916年6月,袁世凯死后,黎继任大总统。与国务总理段祺瑞发生"府院之争",黎于1917年被迫弃职,移居天津。1922年在直系军阀的支持下,复任大总统。1923年曹锟贿选总统,黎被迫下野,辞职避居天津致力于实业。1928年6月病逝于天津。1935年国葬于武昌伏虎山。

黎元洪赠武汉纪念章造型美观,工艺精湛,见证了民国元年武汉的辛亥革命纪念盛典,具有较高的历史价值。该纪念章1987年由湖北省博物馆移交辛亥革命武昌起义纪念馆入藏。

撰稿:李媛丽

○ 黎元洪赠起义国庆章

　　黎元洪赠起义国庆章，三级文物。民初银胎仿珐琅彩徽章，星形，直径4.8厘米，厚0.3厘米。徽章正面正中白底圆版，饰五色旗和十八星旗交叉图案，其外一周镌"起义国庆章"；背面正中为黎元洪戎装浮雕胸像，像上方镌黎元洪英文姓名。整枚纪念章为十八星图案，四缘浮雕以两层橄榄叶。有红黄蓝白黑五色绶带，寓民国国旗五族共和之意。绶带压铁皮边，镌"黎元洪赠"字样。章绶边条背面硬印"沈丹凤"银号戳记。

中华民国成立后，10月10日是经临时参议院议定的中华民国的国庆纪念日。1912年10月10日是第一个国庆纪念日，全国各地各界都举行了庆祝活动，北京、上海、武昌的纪念活动尤为隆重。纪念活动形式多样，有祭拜先烈、游行、演讲和演唱歌曲、演出戏剧、观看电影等多种表现形式。武昌是首义之地，各省都督府均派员参加在武昌举行的第一个民国国庆日纪念大会。国庆日之前，与会代表追悼"彭、刘、杨三烈士"及武昌首义阵亡将士。纪念会场设在皇殿，旁边有用松树枝编成的"光复纪念国庆日"七个字，内设大礼堂，礼堂内陈列烈士牌位，牌位分为四层：第一层为彭、刘、杨三烈士，第二层为本省起义殉难诸烈士，第三层为各省光复前后殉难诸烈士，第四层为阳夏阵亡诸烈士。礼堂左右为各省都督代表一切人等所送的联文。这次纪念大会上，鄂军都督府颁发"黎元洪赠起义国庆章"。

黎元洪赠起义国庆章是民国元年武汉国庆盛典的重要见证物，具有较高的历史价值。该章1996年由叶润民之孙叶代虹捐赠予辛亥革命武昌起义纪念馆。

撰稿：李媛丽

○ 光复纪念章

　　光复纪念章，三级文物。民国初年金属烤漆徽章，星形，直径5厘米，厚0.5厘米。纪念章正中圆面黄底之上，有十八星旗和五色旗交叉放置图案，图案上方交叉处印有"光复纪念"四字，黄色圆面上部从左至右印有"中华民国万岁"，下部印有"辛亥八月十九日"，后者为农历辛亥革命武昌起义爆发的时间，纪念章最外缘以光芒状金属环绕。纪念章正上方以圆环吊挂于绶带之下，绶带依次由红、黄、蓝、白、黑五种颜色组成，与五色旗的色彩相一致。纪念

辛亥武昌首义文物

章中心圆面黄底与十八星旗上黄色的星星都暗喻炎黄子孙，五色旗和绶带上的红、黄、蓝、白、黑五种颜色寓意五族共和。

光复纪念章中的"光复"是指恢复已亡的国家，收回失去的领土。这枚纪念章印有"光复纪念"字样，显然也有此意，表示"光复"汉人的政权和明王朝时山海关内十八个行省，建立以汉族为主体的国家。孙中山先生曾在清帝逊位后的第三天，率南京临时政府百官拜谒明孝陵，并发表《祭明太祖文》《谒明太祖陵文》，以告慰明室亡灵。章太炎曾认为"所谓革命者，非革命也，曰光复也。光复中国之种族也，光复中国之州郡也，光复中国之政权也"。

1911年10月10日，武昌起义爆发，其后两月间，各省纷纷响应，宣告独立，建立中华民国，自此清朝二百六十余年的统治迅速土崩瓦解，在中国绵延两千余年的君主专制制度也宣告终结。1912年中华民国成立后，为纪念共和成立，各地政府举行各种活动，并制作各种类型的纪念章。此章即为其中的一种。据1912年8月12日公布的《临时稽勋局暂定赏恤章程草案》中记载，"另有民国光复纪念章及褒功状二种，专备奖给开国前后一般在事各员与陆海军官佐士兵及警察、民团等之有寻常劳绩者，及武昌起义以前捐助革命军饷五元以上者，南京政府成立前捐二十元以上者，统一政府成立以前捐五十元以上者"。

光复纪念章是其所有者参加过辛亥革命的证明，也是中华民国成立初年的纪念物，具有一定的历史价值。该纪念章1987年由湖北省博物馆移交辛亥革命武昌起义纪念馆入藏。

撰稿：李媛丽

○ 程天佑退伍纪念章

程天佑退伍纪念章，两枚均为三级文物。其中一枚为银质机制徽章，长方形。纵 7.8 厘米，横 5 厘米。上部为交叉的十八星旗和五色旗图案，旗帜上下压制浮凸"中华民国副总统奖"字样，横书；徽章中下部竖镌三行文字，正中为"鄂军起义志士"，左右两边分别为"退伍""纪念"字样。徽章正下方边缘錾刻"程天佑"三字。均为楷体。背面硬印"武昌宝生"银号。背面焊有别针。徽章四周角部磨圆，四缘为索状金属线。另一枚为手工铜雕徽章。长方形。横

5.8厘米，纵8.7厘米。正面上部雕刻十八星旗和五色旗交叉图案，旗帜上下刻"中华""民国""副总统奖"字样，三段作"工"字排列；徽章中下部竖镌三行文字，正中为"鄂军起义志士程天佑"，左右两边分别为"退伍纪念""钱芸生监制"字样。正面图案、文字均为阴刻，文字为行书手写体。

  1911年10月10日，湖北新军发动起义，次日建立鄂军都督府；为抵御清军反扑，鄂军都督府扩军为五镇，在汉阳、汉口与清军血战月余，巩固肇建的共和政权。1912年1月中华民国成立后，南北和议达成，随着局势的稳定，庞大的军队带来沉重的财政负担，副总统黎元洪召开裁汰军事会议，拟定裁军措施。湖北参加起义的部队开始陆续退伍还乡。为表彰起义志士功劳，由中华民国副总统兼湖北都督黎元洪颁发纪念章、退伍执照，给予"九年递减恩饷"。

  这枚颁发给程天佑的退伍纪念章是有关这段历史为数不多的实物见证，具有较高的历史价值。该纪念章1986年由湖北省博物馆移交辛亥革命武昌起义纪念馆入藏。

撰稿：李媛丽

○ 1912年黎元洪赠红十字武汉纪念章

　　1912年黎元洪赠红十字武汉纪念章，一级文物。该纪念章通长10厘米，主章直径5厘米，辅章正面写有"黎元洪赠"四个汉字，背面是别针扣子和英文产地标记。造型采用了象征辛亥革命武昌起义的"九角十八星"，并配有五色旗式样的绶带，正面为"武汉纪念章"汉字字样及红十字标志，背面为黎元洪戎装半身浮雕像及黎元洪英文签名字样，边缘为象征和平的橄榄枝叶。该章一直由劳拉·贝肯赛尔及其后裔保存，流传有序，品相极佳，存世量稀少，具

辛亥武昌首义文物

有极其重要的收藏、研究和展示价值。

1912年9月28日，辛亥革命武昌首义日——10月10日，被定为中华民国国庆日，又称"双十节"。为巩固自己在起义军民心目中的地位，并继续扩大个人在国内外的影响力，黎元洪派专班人员，赴美国定制了"黎元洪赠红十字武汉纪念章"，用以奖励在辛亥革命武昌起义中有功的国内外人士。该章是1912年10月10日武昌起义一周年时，时任中华民国临时副总统兼湖北都督府都督的黎元洪，向来自英国的劳拉·贝肯赛尔女士颁发的，以表彰她跨越国界、超越肤色，在武昌起义中关怀和帮助中国民众，将人道主义精神发扬光大的伟大精神。

黎元洪（1864—1928），字宋卿，湖北黄陂人。1883年入天津北洋水师学堂学习，参加了甲午中日战争。后受张之洞器重，曾多次赴日本考察军事、政治，1906年任陆军暂编第二十一混成协统领。武昌起义后被推举为鄂军都督，中华民国临时政府成立后，被推举为临时副总统兼湖北都督府都督。1916年袁世凯死后，继任大总统。后段祺瑞利用张勋将其驱走，由冯国璋代理大总统。晚年投资实业。

劳拉·贝肯赛尔（1886—1983），女，英国人。1911年2月底在伦敦传教会的资助下来到中国，在武昌女子教会学校教书，亲身经历了武昌起义，并参加了战地救护工作，后由于身体原因于1915年回到英国，身体康复后再次来到中国。1916—1926年在太原女子教会学校教书。1926年再次因身体原因前往法国治疗。1938年又跟随国际红十字会来到武昌和汉口救助中国难民，一年后返回英国。

该纪念章现藏于辛亥革命博物馆。

撰稿：胡伟

○ 缔造中华襟章

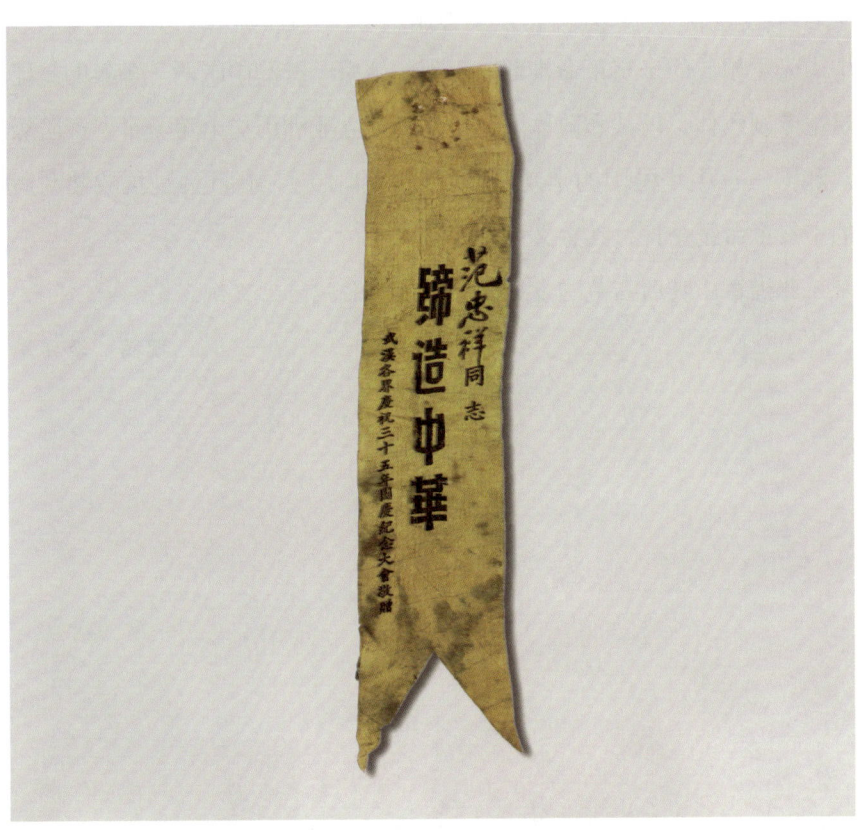

缔造中华襟章，三级文物。1946年制。丝绸质地，呈燕尾形，单面题字。纵20厘米，横5厘米。黄底黑字。襟章正面铅印或墨书三列，由右至左依次为"范忠祥同志""缔造中华""武汉各界庆祝三十五年国庆纪念大会敬赠"。

范忠祥，1888 年生，湖北汉阳人。1946 年登记为辛亥首义同志会会员。此襟章是 1946 年 10 月 10 日颁发给辛亥首义同志会会员的，佩挂于左胸，与双十字纪念章，即辛亥首义同志会会员章同时佩戴。"振兴中华"的口号是孙中山先生最早提出的，1894 年他在檀香山创立兴中会时专门指出"是会之设，专为振兴中华"。"缔造中华"寓意由孙中山先生领导的辛亥革命推翻清王朝，结束了统治中国两千多年的封建君主专制政体，以共和政体取而代之，建立亚洲历史上第一个资产阶级共和国——中华民国的丰功伟绩。1946 年 10 月 10 日又是抗战胜利后的辛亥革命纪念日，其意义更加特殊。

此襟章由其后裔范国友捐赠予辛亥革命武昌起义纪念馆。

撰稿：李邱军

○易尚斌铁血将校退伍纪念章

　　易尚斌铁血将校退伍纪念章，三级文物。1912年制造，金属质地，机制冲压徽章，圆形，直径2.9厘米。徽章正面居中为铁血十八星旗与五色旗交叉图案，交叉处竖书"铁血将校"，其上横书"鄂军政府"，其下横书"退伍纪念"字样，徽章文字图案为浮凸样式，背面正中阴刻所有者"易尚斌"，两侧硬印"武昌同兴"银号戳记。

1912年，张振武组织成立了以方维为团长、武昌起义老兵为主约600人的将校团。南北统一后，各起义部队陆续退伍，当黎元洪下令解散将校团时，正在北京的张振武立即函阻"将校团不得退伍"。湖北军队屡次改编，将校团为张振武掌握，迟迟未按令退伍。1912年8月16日，张振武、方维在北京被袁世凯以黎元洪密电予以杀害。据《民立报》载，1912年8月28日将校团"团中将士自愿退伍"。此章为将校团退伍之际，湖北军政府颁发的退伍纪念章，持有人与毕血会退伍人员相同，享受"九年递减恩饷"待遇。此枚铁血将校退伍纪念章是其持有者参加辛亥革命武昌起义的重要证明，对研究辛亥革命史料具有重要价值。

易尚斌本人生平不详，此枚纪念章由易尚斌后裔易秋华于1981年捐赠予辛亥革命武昌起义纪念馆。

撰稿：李邱军

○ 辛亥首义同志纪念章

辛亥首义同志纪念章,又称"双十"字章,三级文物,红铜胎景泰蓝徽章。直径 3.8 厘米,厚 0.2 厘米,别针佩戴。徽章蓝底上有黄色中国地图,地图左侧一个红色"十"字,为寓意武昌起义纪念日(十月十日)的"双十"标志。地图正中示武昌处贯穿一面青天白日满地红中华民国国旗。背面刻"辛亥首义同志纪念章""武汉各界庆祝卅五年国庆纪念大会""敬赠"字样。

抗战胜利以后，由于国内政治环境相对安定，各种纪念组织相继成立或恢复，其中以辛亥首义同志会规模和影响力最大，得到了当时湖北省政府、参议院、国民党省党部的支持。辛亥首义同志会于1946年6月15日在武昌首义公园召开成立大会，16日又召开辛亥首义同志会第一次会员代表大会，通过了《辛亥首义同志会章程》。10月10日，该会在武昌阅马场举行了第二次庆祝大会，到会民众近十万人，有辛亥首义同志五百余人，均在左胸佩戴辛亥首义同志纪念章。

辛亥首义同志会创办首义学校，招收首义人员遗属就学；成立办事处，印制辛亥首义同志会会员名册，还收集辛亥首义有关历史资料。拥有"两证"及辛亥首义同志纪念章的会员凭此证明参加过辛亥首义革命，还可享受政府的系列优抚政策。当时登记的会员有1644名，以湖北籍居多。此枚徽章色彩鲜明，构图别有寓意，1986年由湖北省博物馆移交辛亥革命武昌起义纪念馆入藏。

撰稿：李珂馨

五、石 刻

○ "大法国租界"石碑

"大法国租界"石碑,一级文物。麻石质地。纵 187 厘米,横 45 厘米,厚 12 厘米。碑面上端由右至左刻有法国英文缩写字母"F.R"。下方纵向楷书"大法国租界"字样,阴刻制作。石碑右上方部分残损。

汉口租界的出现与汉口开埠密不可分。根据1858年6月签订的《天津条约》，汉口被列为通商口岸。1896年6月，遵照与清政府湖北当局签订的《汉口法租界条约》，法国政府在汉口设立法租界。法租界位于德租界与俄租界之间。清光绪二十八年（1902年），法国以英租界面积扩大为由，要求援例扩界，清政府被迫退让，法租界向西扩展至今中山大道以外的官地。

汉口租界是西方列强侵略中国的缩影，列强在租界内设立司法、审判、警察、监狱、市政管理机关和税收机关等机构，使租界变成"国中之国"。汉口租界也是列强侵略中国的军事基地，租界内及长江江面上，长年驻扎外国军队，停泊有外国军舰。此外，租界还逐渐成为依附于列强的中国买办及部分官僚藏污纳垢之所。从另一角度来看，租界具有独立于中国政府管辖之外的便利，也让清末民初对政府持不同政见者（包括革命者）有了藏身及活动空间。租界还提供了现代都会的发展模型，集中展示了西方物质文明，带给身处内陆的武汉一方观察世界的窗口，使之在城市管理等方面得到诸多启迪。汉口开埠、租界的示范等内外诸多因素，促使武汉在19世纪与20世纪之交，迅速迈入现代都会行列。1911年10月武昌起义爆发后，包括法国在内的驻汉口五国租界领事，出于种种现实考量，宣布严守中立，客观上促进了革命形势的发展，扩大了武昌起义的影响。

"大法国租界"石碑，是清末法国政府侵略中国、在汉口设立租界的实物见证，具有重要的文物价值。该碑由湖北省博物馆移交辛亥革命武昌起义纪念馆入藏。

撰稿：王卫华

辛亥武昌首义文物

○ "英商华昌洋行"石碑

"英商华昌洋行"石碑，三级文物。纵 92 厘米，横 28 厘米，厚 12 厘米。麻石质地。碑额上端，从右至左，楷书"英商"字样，正中纵向楷书"华昌洋行"字样，阴刻制作。石碑右上方有微小缺损。

第二次鸦片战争后,以英国为首的西方列强与清政府签订了丧权辱国的《天津条约》《北京条约》等一系列不平等条约,迫使清政府开放长江沿岸的口岸。其中,汉口成为列强们着力经营的战略目标。1861年,汉口正式开埠,英、德、俄、法、日等国陆续在此划定租界、开设洋行,进行通商贸易。外国在中国开办的大公司、大商行统称为洋行,它们在西方列强和租界当局的庇护下,利用不平等条约赋予的政治、经济特权,对中国进行经济侵略,成为租界中最为主要的经济组织。汉口租界的洋行大多以进出口贸易为主,它们依托汉口这个中国内地最大的市场,一方面大量收购棉花、生漆、烟叶、芝麻、牛羊皮等原料及其他土货;另一方面以汉口为枢纽,向中国内地大肆倾销他们本国的工业品。在租界内,英国先后开办了太古、怡和、宝顺等多家洋行,主要从事茶叶、木材、机器、西药、煤油、桐油等贸易。

　　1910年以前,英国商人在今汉口沿江大道101号开设华昌洋行,主营业务为船舶代理及保险,后发展为进出口商品代理。1940年,该洋行终止经营。

　　1985年4月,"英商华昌洋行"石碑在汉口上海路天主堂院外人行道上被发现,4月15日辛亥革命武昌起义纪念馆将其征集入藏。

撰稿:黄玉霜

辛亥武昌首义文物

○ "湖北省城高等审判厅"石额

"湖北省城高等审判厅"石额,三级文物。纵 56 厘米,横 133 厘米,厚 17 厘米。从右至左横向刻楷书"湖北省城高等审判厅"字样,阴刻制作。发现时已断裂。

清末，在内忧外患的双重压力下，清朝统治者开始探寻改革之法，而司法改革就是其中一项重要措施。1906年，清政府宣布筹备立宪，朝廷官员开始探索司法改革之法；9月，改刑部为法部，专掌司法行政，改大理寺为大理院，为全国最高审判机关。同年，清政府颁布《大理院审判编制法》，明确了司法独立的原则，确定了四级三审制的审判制度。1907年，拟订《各级审判厅试办章程》。

1908年，清政府颁布《钦定宪法大纲》。1909年，颁布《各省城、商埠各级审判厅、检察厅编制大纲》和《法院编制法》，将四级三审制固定下来，逐步推向全国。该法规定：法院设置分为初级审判厅、地方审判厅、高等审判厅和大理院，其中高等审判厅设厅丞一名，民庭、刑庭各设推事三名、典簿一名、主簿两名、录事四名或六名，以推事三员之合议庭行使审判权。高等审判厅有审判以下案件之权：不服地方审判厅第一审判决而控诉之案件、不服地方审判厅第二审判决而上告案件、不服地方审判厅之决定或其命令按照法令而抗告之案件、不属大理院之宗室觉罗第一审案件。《编制大纲》还规定，各省应根据本省情况设立高等、地方和初级审判厅。1910年，据法部奏定，全国二十二省每省创建一处高等审判厅，全国创建五十六处地方审判厅和八十八处初级审判厅，在各省的省会设立高等审判厅，距省会较远的繁荣商埠，可酌情设立高等审判厅分厅。湖北省城高等审判厅于1910年12月成立，梅光费任首任厅长。

2000年5月，武昌彭刘杨路原湖北省检察院院内工人在基建施工时，发现此石额。湖北省检察院遂将该石额捐赠予辛亥革命武昌起义纪念馆。

撰稿：黄玉霜

辛亥武昌首义文物

○清 "总办湖北清察局" 碑

　　清 "总办湖北清察局" 碑，一级文物。发现于武汉市汉阳区七里庙一带，石质。近长方形，纵 136 厘米，横 68 厘米，厚 16 厘米，底部带榫头。碑刻文字为楷体、竖写，石碑左侧上方边缘即落款刻有较为清晰的 "咸丰七" 字迹，石碑右上方即题头刻有 "总办湖北清察局善后局兼总粮台事务汉阳府正堂军功随带加一级加一级如为" 字样。碑正文字号较小，大部分字迹已模糊不清，仅右上部和近底处残存百余字可辨。碑体从中部以下断裂。

题头中"清察局""善后局"为官署名，是清朝后期地方政府因战事而设置办理特殊事务的机构。"粮台"，清代行军时沿途所设经理军粮的机构。"汉阳府正堂"即汉阳府长官。据1868年版《续辑汉阳县志》地图所载，汉阳府治、汉阳县治均在大别山（龟山）之南的府城之中。而此碑发现地七里庙即靠近汉阳府、县衙署所在地。"军功随带加一级加一级"为所授功名内容。"如为"，意为缘由如下。

正文开头"出示晓谕事案奉抚宪扎饬"，表明嘉奖由上级湖北巡抚下发，下级汉阳府所奉，并通告百姓。其他可辨析的字迹有"湖北漕务积弊""部文折价充饷""核其征收""帑务""征收漕南粮米用账""加水角银二钱""收折色每石粮耗米""费兵银三千七百九十九两八钱本县制造""委查仓费积案""仓收讼案""随同抚宪将汉阳县""国计民生钧有裨益惟各州县情况不同""帑币须认真督查因地制宜"等，涉及战争、税收、粮食征收与运输、筹饷、讼案等内容，与"清察局""善后局"等机构职责相符，应为上级湖北巡抚对汉阳府工作的指导和肯定，也是嘉奖缘由。

落款处刻有"咸丰七……仰通知"，省略文字不可辨，"通知"明确了碑文的公文性质。"咸丰七"应为咸丰七年（1857年）。据碑文"本县制造""随同抚宪将汉阳县"记载，碑文应为汉阳县发布。

咸丰年间，太平天国兵灾席卷大半个中国，汉阳地区一度成为主战场。据《汉阳县志》所载，太平军在咸丰二年至咸丰五年间，曾四度攻陷汉阳府，两任知府董振锋、俞舜钦先后死于战乱，"户口典籍焚荡无余，漕运阻塞停滞，民生困苦"。直到咸丰六年收复汉阳，汉阳再无兵乱，秩序逐步恢复。咸丰七年，正值汉阳社会生活恢复之际，时任汉阳郡守刘齐衔、知县吴瑛领导重建工作，卓有成效，或为上级表彰理由。汉阳县立此碑的用意或为宣传上级抚民新政，以安定社会，笼络民心。该碑现藏于辛亥革命博物馆。

撰文：尤海

○ "武昌纺纱局地界"石碑

"武昌纺纱局地界"石碑,三级文物。麻石质地。纵 196 厘米,横 39 厘米,厚 16 厘米。纵向主面楷书"武昌纺纱局地界"字样,碑的右边,纵向楷书"墙外余地五尺让作街道"字样,阴刻制作。

武昌纺纱局，是晚清湖广总督张之洞创办的湖北纺织四局之一。湖北纺织四局是清末湖北当局所设纺纱、织布、缫丝、制麻四官局的合称。1889年，为了抵制洋布洋纱的进口，缩小外贸逆差，"挽利权，塞漏卮"，两广总督张之洞奏请朝廷，在广州设立织布局，并从英国订购纺织机器。同年，张调任湖广总督，遂将原订机器改运湖北，在武昌文昌门外江边，建立起织布官局。1894年又决定在文昌门外另建湖北纺纱局，厂址在今紫阳路武昌造船厂西北区域，占地大约5.3万平方米。计划建南北两个纱厂，并向上海比利时洋行与德国洋行订购了机器设备。1897年北厂建成投产，纱锭5万多枚，雇佣男工1000多人，还聘有多名外国工人，日产棉纱5000多公斤。南厂设备进口运到上海后，因资金等原因搁置，由清末南通状元实业家张謇买走创办了南通大生纱厂。1896年到1898年间又续设缫丝、制麻二局。

由于外资棉纱企业的排挤和打击，加之政企不分，经营不善，盈利多被挪用弥补汉阳铁厂等其他企业亏空，内忧外困，最终导致纱麻丝布四局亏损，被迫于1902年招商承租，交粤商应昌公司经营。1911年武昌起义爆发，被迫停产。以后又由大维、民生等公司承租经营。抗日战争时期武汉沦陷前，湖北布、纱、丝、麻四大官局的机器，一分为四：一部分迁陕西，一部分迁四川万县，一部分被日军飞机炸毁，最后一部分被日侵夺。湖北纺织四局由此消亡。

张之洞创建的湖北纱麻丝布四局从开办到1902年招商承租，共投资300多万两白银，在武汉建成了相对完整的纺织工业产业链，企业规模大，当时武汉纱锭数占全国华商纱锭总数的26%，使武汉成为清末民初仅次于上海的纺织业基地。作为湖北纱、布、丝、麻四种机器纺织业的发端，在湖北纺织工业史上留下了浓墨重彩的一笔。该碑2003年在武昌造船厂内被发现，现藏于辛亥革命武昌起义纪念馆。

撰稿：王卫华

辛亥武昌首义文物

○ "汉阳兵工厂界"石碑

"汉阳兵工厂界"石碑,一级文物。质地麻石。纵180厘米,横34厘米,厚15厘米。碑面上端从右至左,刻楷书"汉阳"二字,碑面纵向楷书"兵工厂界"字样。

汉阳兵工厂，是清末湖北官办的新式军事工厂。1889年，调任湖广总督的张之洞将其在广州筹建的枪炮厂移往湖北汉阳龟山北麓，紧邻汉阳铁厂，1894年初步建成，1895年冬开工生产，到1898年先后建成造枪厂、枪弹厂、铸炮厂、炮弹厂、钢罐厂，后又并入钢药厂。时年产"七九"步枪一万多支，三十七厘米口径山炮和五十三厘米、五十七厘米口径大炮几百门。1904年改名"湖北兵工厂"，1914年改称汉阳兵工厂。

工厂机器设备采购自德国著名军工企业克虏伯公司，设备技术在当时属于世界先进行列。初有工匠1200多人，到1904年发展到4500多人，以蔡锡勇主管其事。该厂能制造毛瑟枪和克虏伯快炮，其中所造德国1888年式改良5响毛瑟枪，采用德国克虏伯生产步枪1888年制式，是清末民初饮誉全国的性能最好的步枪，一直到民国年间仍然是中国陆军的主要武器。所产枪炮弹药除装备湖北新军外，另有部分支援北京，部分协济外省。

该厂创办时经费70多万两，由广东筹款支付，常年经费随着产量扩大由约36万两增至80余万两，皆由湖北独自负担。该厂从开办到1906年共耗银700多万两，主要来源于海关洋税、各盐厘金等。到1908年共积欠商家物料费8万多两，钢药厂欠银3万多两，又借洋债若干，成为湖北沉重的经济负担。

1911年10月10日武昌起义爆发，民军和清军均设法抢占兵工厂。11日晚，驻厂新军第四十二标起义，占领汉阳，该厂库存大量武器为民军所有。其后保障了阳夏战争所需，并接济江西、湖南、四川等省民军之枪炮。该厂生产的"汉阳造"步枪，直到抗日战争初期，仍发挥重要作用。1939年，汉阳兵工厂迁往重庆，与其他兵工厂合并，成为抗日战争时期最为重要的兵工厂，为抗战前线供应了大量的武器和弹药。抗日战争胜利后，1947年，该兵工厂解散。

辛亥武昌首义文物

　　张之洞担任两广总督期间，坐镇指挥了抗法战争，深刻体会了中西国家之间的差距，他认为要巩固国防，抵御外侵，必须仿造西洋新式武器，建立中国自己的枪炮厂，这是汉阳兵工厂建立的背景。但让张氏想不到的是，他推动的清朝军工改革，成为日后辛亥革命的基础。湖北革命党人，正是手握"汉阳造"步枪发动武昌起义的，各省革命党人也主要是以"汉阳造"为武器实现独立的。汉阳兵工厂的建立，为武昌起义的胜利奠定了雄厚的物质基础，也推动了中国军队的近代化进程。"汉阳兵工厂界"石碑是汉阳兵工厂旧址的重要物证，具有重要的文物价值。该碑由湖北省博物馆移交给辛亥革命武昌起义纪念馆入藏。

撰稿：王卫华

○ 1935 年 "汉阳兵工厂界" 碑

　　1935 年 "汉阳兵工厂界" 碑，一级文物，原立于汉阳兵工厂旧址。碑纵 216 厘米、横 56 厘米、厚 24 厘米，碑面右纵刻 "第叁陆号"，中间纵向隶书 "汉阳兵工厂界" 字样，左纵刻 "中华民国廿四年七月立"。

汉阳兵工厂，又名"湖北枪炮厂"，是晚清洋务运动的代表人物张之洞到湖北后主持创办的军工制造企业。1889年，两广总督张之洞在广州筹建枪炮厂。张之洞调任湖广总督后，将广东订购的机器改运湖北，设枪炮厂于汉阳龟山北麓，于1894年建成，次年冬开工生产。全厂初有员工约1200人，由蔡锡勇主事。当时年产"七九"步枪一万多支，三十七厘米口径山炮等几百门。1904年，枪炮厂规模扩大，分厂林立，张之洞认为工厂产品非"枪炮"二字所能包容，于是奏请更名为"湖北兵工厂"。1914年，又改名为"汉阳兵工厂"。

1911年10月10日，武昌起义爆发，该厂成为民军和清军的必争之地。11日晚，驻厂新军第四十二标起义，占领汉阳，该厂库存大量武器为民军所有。其后阳夏战争所需和接济江西、湖南、四川等省民军的枪炮，大多取于此。民国时期，该厂曾多次整顿、扩建，能造手枪、步枪、机枪、山炮、枪弹、炮弹、炸弹、火药等各种武器弹药。该厂所制造的"七九"步枪即为著名的"汉阳造"，直到抗日战争初期，还闻名全国。

该碑现藏于辛亥革命博物馆。

撰稿：关睿

○ "湖北省议会南界"石碑

  "湖北省议会南界"石碑,三级文物。麻石质地。纵160厘米,横37厘米,厚12厘米。碑面上端从右至左书"湖北"字样,碑正面纵向书"省议会南界"字样,阴刻制作。

1912年初，鄂军都督府根据《中华民国鄂州临时约法草案》规定，"鄂州政府以都督及其任命之政务委员，与议会、法司构成之"，成立临时省议会，负责法规制定、财政审核等职能，由各部总稽查处监督选举事宜。选举出议员60多人，多由各机关办事及投效军政府人员担任。2月召开临时议会，选举刘心源为正议长，郑万瞻、汪恺为副议长，并通过《临时议会章程》，成立湖北省临时议会。

袁世凯在北京就任临时大总统后，北洋政府于1912年7月向参议院提出了省制、省官制及省议员选举法草案，1912年9月4日经参议院讨论修正过的法案正式颁布施行。1913年1月至2月，湖北省举行正式议会议员的初选和复选，选出议员共106人，共和党占55%。同年3月，选举共和党人覃寿堃为议长，共和党人王信征、屈佩兰为副议长。

袁世凯政府千方百计限制地方议会的权力，而各省议会又想方设法保持和扩张独立以来的权力，双方处于对立与紧张状态中。在各省的通力配合下，1913年4月参议院通过《省议会暂行法》（以下简称《暂行法》），双方的斗争以参议院的胜利而暂时结束。《暂行法》扩大了省议会的权力，又存在很多含糊不清和容易引起歧义的条文，导致中央政府与省议会的矛盾与斗争不断，引起了袁世凯的不满。"二次革命"被镇压后，袁世凯非法解散国会，并于1914年2月初下令追缴议会中国民党人的议员证书，致使湖北省议会议员不足法定人数，议会被迫自行解散。黎元洪继任大总统后，于1916年6月29日下令恢复。湖北省虽准备恢复省议会，但最终未能复会。

"湖北省议会南界"石碑，是民国初年湖北省议会办公地的地界标志。2003年，辛亥革命武昌起义纪念馆在"鄂军都督府"旧址院内左侧花坛下发现此碑，现藏于辛亥革命武昌起义纪念馆。

撰稿：王卫华

○ "起义门"石额

"起义门"石额,二级文物。民国石刻,青石质地。纵 73 厘米,横 50 厘米,厚 12 厘米。石额两端残缺,中间断裂。从右至左只存阴刻"义门"两字。

辛亥武昌首义文物

起义门,原名中和门,是武昌古城中唯一保存至今的城门,位于今武昌首义南路。该石额原镶嵌在起义门城楼上方。

1911年10月10日晚,驻扎在武昌紫阳湖畔(今湖北省总工会院内)的新军工程第八营的革命党人打响武昌起义第一枪,起义军迅速占领楚望台军械库。随后,驻扎在武昌城外的辎重队、马队和炮队也即时发动起义,向城内挺进,与城内起义军会合。其中,辎重队起义官兵,行至武胜门时,不得入,改向宾阳门入城,还是不能进,再向通湘门靠近,城门大开,恐有诈不敢入。后去中和门,在途中遇炮队起义官兵,辎重队、炮队以及马队等起义官兵,最终通过中和门进入武昌城内。城内外起义军会合集结,分兵布阵,攻打湖广总督署,展开占领武昌城的战斗。起义军经过彻夜激战,终于攻克督署,占领武昌城,武昌光复。中和门被誉为"首义胜利的开端"。

中华民国成立后,为纪念辛亥革命武昌起义,1912年,将中和门改名为起义门;段祺瑞督鄂期间,曾将起义门恢复"中和门"原名;段芝贵督鄂时,将起义门城楼毁坏,仅残存部分断壁和城门拱洞;新中国成立后,于1956年修复起义门。1981年,为纪念辛亥革命70周年,整修起义门,恢复其原貌。城门上有穿斗重檐歇山顶式两层建筑,朱柱青瓦,斗拱飞檐,颇为壮丽。檐下环以朱红廊柱30根。半圆顶形城门高7.1米,城门洞上方长方形汉白玉石牌上,刻有叶剑英元帅亲笔手书的"起义门"三字。登上城楼,远眺洪山,近览紫阳湖公园,禅院清幽,亭台错落,别有一番韵味。

起义门是辛亥革命武昌首义的见证,也是湖北省重点文物保护单位。为迎接辛亥革命武昌首义一百周年,武汉市人民政府进行了起义门恢复工程,包括古城墙恢复工程、封建亭工程及风雨长廊工程。古城墙长230米,以原有城楼为界,向东西两侧扩展。东侧城墙外砌仿古城墙砖，底部砌红砂条石，通高 8.83 米。西侧城墙跨越首义南路，设大小各两个圆顶拱门，大拱门高 7.4 米，宽 9.1 米，小拱门高 5 米，宽 3.2 米。拱门往西以 28.9 米长的残缺城墙逐步落地。恢复工程于 2011 年 9 月竣工。

起义门石额见证了武昌首义的全过程，具有重要的历史价值。该石额于 1981 年由湖北省博物馆移交给辛亥革命武昌起义纪念馆入藏。

撰稿：董芙蓉

辛亥武昌首义文物

○ "国殇"石碑

　　"国殇"石碑,一级文物。民国石刻,麻石质地。纵104厘米,横35厘米,厚15厘米。该石碑为竖立在汉阳凤凰山上的一块无名烈士碑,是为了纪念在阳夏战争中牺牲的革命军官兵。碑额上端阴刻"十"字标志,纵向阴刻"国殇"字样,为国民党元老程潜题书。两侧分别阴刻"中华民国""元年增筑"的题款。

1911年10月10日，武昌起义爆发，革命军一举占领武昌，克复汉口、汉阳。随后，全国各地纷纷宣布起义，清政府极度恐慌，立即调派水陆大军，大举反攻。为了保卫初生的革命政权，革命军英勇迎敌，在汉口、汉阳与清军激战，因汉口古称"夏口"，此次战争亦被称为"阳夏战争"。战争从10月18日革命军出战汉口，到11月27日汉阳失陷，历时41天。

战争分为两个阶段：第一阶段，汉口保卫战。革命军防守，清军进攻，多次反复，形成拉锯战，历时20多天，革命军告败，退守汉阳。10月18日凌晨，革命军正面进攻刘家庙清军，次日进占刘家庙。26日，清军水陆夹攻刘家庙。30日，黄兴到汉口组织反攻，未能成功。11月1日，清军占领汉口，次日革命军退守汉阳。第二阶段，汉阳保卫战。革命军退守汉阳后，以襄河（今汉水）为界，布防汉阳，重兵设防仙女山、扁担山、磨子山、十里铺等战略要地。其间曾反攻汉口，但无功而返。11月中旬，清军向部署在汉阳的革命军发动更加猛烈和疯狂的进攻。在敌我力量悬殊的情况下，革命军总司令黄兴率领全体革命将士冲锋陷阵，与清军血战十多天，终因寡不敌众，败退武昌。

阳夏战争保卫了初生的共和政权，吸引了清军主力，为全国各省争取独立、彻底推翻清政府统治赢得了宝贵的时间。据不完全统计，在汉阳保卫战中牺牲的革命军，约3300人。因战死者人数众多，红十字会只能就地掩埋尸体。而凤凰山就是红十字会安葬汉阳保卫战中牺牲的革命军官兵的墓地之一，多数牺牲官兵不知其姓名和籍贯。为了让人们铭记和缅怀无名英雄，公墓前竖立有"国殇"石碑。

1991年10月，该石碑由铁道部大桥工程局退休干部柳黎西在汉阳凤凰山山道的石铺路上发现，后入藏辛亥革命武昌起义纪念馆。

撰稿：董芙蓉

——— 辛亥武昌首义文物

○共和纪念石鼓

共和纪念石鼓，一对，一级文物。通高100厘米，石鼓鼓面直径85厘米，厚23厘米。麻石质地，阳刻制作。

上方石鼓，一面刻有十八星旗图案，另一面刻有十八星旗与五色旗交叉图案，两旗交叉点处，刻制花结相连。下方石鼓，一面刻制着十八星旗与五色旗交叉图案，两旗交叉处，刻制花结相连；另一面为空白，为何无图案，原因不详。两石鼓底座，均刻有卷草花纹，十分精美。

十八星旗是武昌起义中革命军使用的军旗。旗帜的底色为红色，红色代表革命党人的鲜血，黑色象征着武装斗争，黄色代表炎黄子孙，十八颗黄星代表着山海关以内十八个以汉族人为主体的省份。整个图案的寓意是，用铁血精神唤醒九州大地的民众联合起来，用武力推翻腐朽的清王朝。在响应武昌起义的独立省份中，大部分使用的是铁血十八星旗。民国成立后，湖北革命党人提议，以十八星旗作为中华民国的国旗。从历史地位上来说，它的确堪当此任。但由于旗帜上的十八颗星并不包括东北地区和新疆、西藏、青海等地区，用它作为国旗，显然不利于国家统一和民族团结。鉴于十八星旗在辛亥革命中不可替代的历史作用和它所代表的革命英雄主义精神，临时参议院决定，以十八星旗为基础，在其正中加缀一星，成为十九星旗，以此作为中华民国陆军军旗。

中华民国成立后，为纪念共和，发行了种类繁多的共和纪念物品。这对石鼓是湖北民众为纪念辛亥武昌起义而制作的门庭装饰品。1985年，武汉市武昌区武昌路一处房屋翻修时，在挖掘土方的过程中发现了这对石鼓。

该石鼓现收藏于辛亥革命武昌起义纪念馆。

撰稿：陈清

六、印 章

辛亥武昌首义文物

○熊秉坤黄铜姓名印（对章）

熊秉坤黄铜姓名印（对章），三级文物。一方白印，一方朱印，底部为正方形，边长 1.6 厘米，高 2.8 厘米。铜质，狮纽，印文"熊秉坤"，篆书。

熊秉坤（1885—1969），字戴乾，原名祥元。湖北江夏（今武昌）人。1909年加入日知会。1911年春加入共进会，任湖北新军第八镇工程第八营总代表。起义前夕，任工程营革命军大队长。10月10日，武昌起义打响后，熊秉坤被起义军公推为临时副总指挥，率队攻克湖广总督署。10月18日，熊秉坤出任民军第五协统领，参加阳夏保卫战，其间著有《阵中日志》。1913年"二次革命"时，熊秉坤在南京参加讨袁，后被黎元洪悬赏通缉，流亡日本。1914年加入中华革命党，回鄂组织讨袁军，出任广州大元帅府参军。其后，历任国民政府军事委员会委员、湖北省政府委员、南京国民政府军事参议院中将参议。新中国成立后，曾任全国政协委员、中南军事委员会参事、湖北省人民委员会委员、湖北省政协常委等职。

该印章于2016年从熊秉坤长孙熊永铸处征集，现藏于辛亥革命武昌起义纪念馆。

撰稿：黄婧

—— 辛亥武昌首义文物

○李翊东两方姓名印

李翊东两方姓名印，三级文物。一方为青田石姓名印，青黄色，貔貅纽。底面正方形边长1.8厘米，高3厘米。印面白文篆书"李翊东印"。另一方为象牙姓名印，长方体，黄白色，长1.2厘米，宽1.2厘米，高5.5厘米，印面朱文楷书"李西屏"。内侧立面嵌3毫米见方黄金，铭刻"金"。

李翊东（1888—1960），亦名李西屏，湖北黄冈人。1906年考入黄州府中学，1907年加入革命组织明德学会，密谋"排满"。因反对学校压制，带头鼓动学潮，被开除学籍，后入湖北新军第二十一混成协第四十一标当兵。旋考入湖北陆军测绘学堂学习，经方兴介绍加入共进会，秘密担任共进会驻测绘学堂代表。1911年8月，文学社、共进会两大革命团体密谋起义，李翊东参与制订起义总动员和作战计划事宜，并被委以起义时指挥本校同志之责。1911年10月10日夜武昌起义爆发，李翊东集合同学百余人赴楚望台领取枪支，接替调攻清督署的楚望台老兵守卫军械库。之后，鄂军都督府成立，众人敦促黎元洪出主大事，黎畏葸不就，拒签署安民告示，李举枪斥之，提笔代签"黎"字。李翊东后被选为鄂军都督府赏叙长，参与鄂军都督府保卫工作。嗣任军务部参议，代行部长职，兼本府顾问，建言殊多。首义告捷，偕黄州籍党人光复黄州。

阳夏保卫战时，李翊东任总司令部参谋兼督战官，随黄兴浴血奋战，后护卫黄兴过江。1912年加入国民党，以黄冈旅省同乡会会长名义通电反对袁世凯向五国银行团借款，遭袁通缉，逃往上海。次年，"二次革命"爆发，李赶赴南京参战。失败后，孙中山密令其为江苏都督，再赴南京，事败赴美，于理海大学读完探矿课程，拟成《中国矿业开发计划书》初稿。1922年归国，严词拒绝黎元洪的高官邀约，孙中山令其任广州大元帅府技师，主动前往赣州游说赣南镇守使方本仁。1928年，任国民党汉口特别市党部委员兼民国日报社社长，后调任宜昌关监督，兼宜昌沙市交涉员。1929年至1937年间，在上海从事反蒋抗日活动，与粤系、桂系方面及冯玉祥、陈铭枢、蔡廷锴等多有联系。抗战期间，携家眷入重庆，就任司法院秘书，旋弃职从教，写成《辛亥革命纪事》稿两册。1946年返回武昌，筹办首义大学，因故未成，任辛亥首义同志会名誉理事。1947年，在汉口加入中国国民党革命委员会，任市党部常委，1948年当选为中央委员。同年，以辛亥首义同志会的名义，起草通电，呼吁和平，促蒋下野。

武汉解放前夕，李翊东在中共地下党领导下积极参加反搬迁、反破坏斗争，担任武汉临时治安维持会委员，积极投入武汉和平解放运动中。新中国成立后，先后任湖北省人民政府委员、省政治协商会议委员兼常委、省人民政府政法委员会委员、全国人民代表大会代表、省政协副主席、省民革副主任委员等职。1960年4月7日，李翊东病逝于武昌，葬于武汉石门峰公墓。现存《武昌首义纪事》《甲子北伐纪略》及诸辛亥人物传记等遗墨。

李翊东两方姓名印于2009年由其后裔李秉弘等捐赠，现藏于辛亥革命武昌起义纪念馆。

撰稿：黄玉霜

○朱和中象牙姓名印

　　朱和中象牙姓名印,二级文物。长方体,黄白色。长1.5厘米,宽1.5厘米,高3.5厘米。印面篆书"朱和中印"。

朱和中（1880—1940），字子英，原名大顺，湖北建始人。15岁府试夺魁选入湖北武备学堂深造，与吕大森、张荣楣、康秉钧等人组织活版印刷所，摹印《警世钟》《猛回头》《黄帝魂》等提倡革命的书报，潜运施南散布。1903年，赴欧洲留学，先入德国陆军步兵学校，后转入柏林兵工大学，掌握英、德、俄等多种语言。1904年，孙中山由美去欧，朱和中等筹集资金接济，与留学生代表前往布鲁塞尔迎接，并与孙中山倾谈革命，提议组织"比京结盟"。1911年武昌起义爆发，受孙中山电令，设法阻运清政府在德所购军火，与德方交涉，按时将军火运往中国，交由新军接收。1912年1月中旬归国，任中华民国临时政府参谋总部第二局局长，后改任高级参谋。临时政府北迁后，任总统府高级顾问，与孙中山共谋国是。护法之役，南去广东，任军政府秘书、厅长和机要秘书等职。1924年任广东兵工厂厂长，推行孙中山"三大政策"，后随孙中山北上。1925年，孙中山逝世，参与治丧事宜，主要负责国外唁电翻译工作，出殡当天，朱为执绋之人。1926年至1928年，两次被派往欧美及苏联考察。1930年任国民政府立法院委员，在寓所挂条幅"劳者无名逸者功，辩逆毕竟是英雄，世人都道河鱼美，不知渔翁骇浪中"，以示愤怀。抗日战争全面爆发后，国民政府迁往重庆，朱和中回到家乡。1940年春，应国民政府电邀，赴陪都重庆。同年6月病逝于重庆北碚。

1950年，朱和中夫人将朱和中象牙姓名印捐赠予建始县政府，收藏于该县文化馆。1987年，划入新成立的建始县文管所。2003年，该印章为辛亥革命武昌起义纪念馆征集收藏。

撰稿：黄玉霜

○鲁俊英鸡血石闲章"悟痴子"

　　鲁俊英鸡血石闲章"悟痴子",三级文物。长方体,通体为黄间红色,貔貅纽。长1.4厘米,宽1.4厘米,高5厘米。印面篆书"悟痴子"。

鸡血石,因鲜红色似鸡血的辰砂而得名。鸡血石与寿山石、青田石、巴林石并列,享有中国"四大国石"的美称。主要用作印章或工艺雕刻品材料。

鲁俊英(1887—1943),字仲然,湖北麻城人。早年加入湖北革命团体日知会。武昌起义后,担任鄂军都督府会计。曾赴汉口作战,后任都督府会计处处长,以"清正廉洁"著称,中华民国临时副总统兼鄂军都督黎元洪曾亲题"清廉可嘉"匾额相赠。

该闲章由鲁俊英之孙鲁性刚家传保存,1984年捐赠给辛亥革命武昌起义纪念馆。

撰稿:陈清

○夏校青田石兩面印

辛亥武昌首义文物

夏校青田石两面印，三级文物。外形为长方体，通体为青黄色。长2.2厘米，宽2.2厘米，高6厘米。一面篆书"夏校印"，一面篆书"执中"。刻铭"壬子大寒后二日天门蒋山作"。

夏校（1888—1961），字执中，湖北新洲人。1907年肄业两湖优级师范博物专科学堂。曾入黄冈军学界讲习社、日知会，负责联络学界。1911年参加武昌起义，先后任鄂军都督府秘书、外交部总务科长。参与武汉停战谈判事宜。1912年转向实业救国，开发蒲圻煤矿。曾受聘为湖北革命实录馆义务调查。1914年开始相继在省立模范小学、汉口中学、省立第五小学、宜昌四中、应城私立西河中学执教。1939年任职湖北省图书馆。1942年携眷赴重庆青木关，从事抗战宣传。1947年在纸坊第二临时中学负责教务。1949年回乡捐款办学。1949年后，加入民革，任湖北省文史馆馆员。1961年12月逝世于上海。60岁时作有七律诗十首及序言，自述生平。夏校一生亲历辛亥革命武昌首义、鄂军都督府建设、抗日战争、新中国成立等重要历史阶段。先后从事过实业经营、文化教育活动和担任文史馆馆员等职业，其生平物件，特别是一生长期使用的两面印，具有一定的文物研究价值。

由"壬子大寒后二日"可知，夏校两面印制作于1913年1月22日，蒋山生平不详。该印由夏校后裔夏泽芝、马芳琳家传保存，1986年捐赠予辛亥革命武昌起义纪念馆。

撰稿：章旖

七、家谱 文书

辛亥武昌首义文物

○《经铿黄氏家谱》

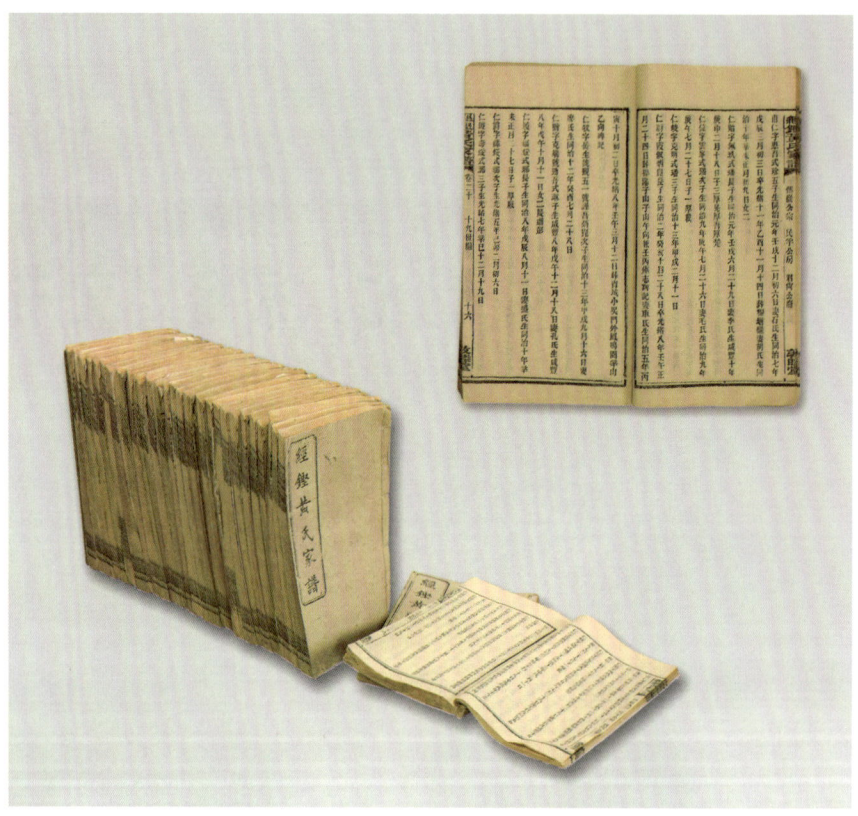

《经铿黄氏家谱》，二级文物。线装，毛边纸木活字印刷。纵 28 厘米，横 16.5 厘米，是纂修于清光绪壬辰年（1892 年）的七修本，共三十卷，由黄沄、黄锡焘主稿。卷首刊"叙""例言""总目"。卷一至卷五为"世表"（含"流寓表"），卷六至卷二十二为"世编"，卷二十三为"流寓编"，卷二十四、卷二十五为"兆域志"，卷二十六为"祭田志"，卷二十七为"遗迹志""秩祀志""家庙志"，卷二十八为"训典志""家礼志""神庙志"，卷二十九、卷三十为"载籍志""遗文志""内女传""出子传""养子传""召仆传"。卷末附"给谱录"。

《经铿黄氏家谱》中,"经铿"为地名,位于湖南长沙县(隶属长沙市),距长沙市40余公里,已更名为金坑桥。善化经铿黄氏远祖和原籍,《家谱》记载为江西吉安府泰和县(隋改西昌县为泰和县,今仍沿用旧名,隶属吉安市),北宋诗人、书法家黄庭坚的后裔。黄兴为经铿黄氏第十九世。父炳崑,派名式耋,字翰翔,号筱村,生于清道光二十年(1840年)庚子八月十一日。母罗氏,生于清道光二十年庚子十二月二十七日。妻廖氏淡如,生于清同治十二年(1873年)癸酉七月二十八日。《家谱》正文"世表"和"世编"均有关于黄兴的直接记载。卷二"世表"十九世栏列有黄兴的名、号,卷二十"十九世编"记述有其名、字、号、排行、生辰、妻室等。

黄兴(1874—1916),原名轸,字克强。湖南善化(今长沙)人。近代民主革命家。1898年保送入武昌两湖书院读书,1902年被张之洞选派赴日本留学。1903年与陈天华、宋教仁等在长沙成立华兴会。1905年在日本东京与孙中山共同发起成立中国同盟会,孙任总理,黄任协理。1907年至1911年间,组织策划广西、广东、云南等地反清武装起义。武昌起义后赴鄂督师,任战时总司令,指挥阳夏之战。1912年任南京临时政府陆军总长兼参谋总长、南京留守使等职,"二次革命"爆发,任江苏讨袁军总司令,武力讨袁。1916年病逝于上海。

《经铿黄氏家谱》记载了关于黄兴家世源流和早年生平若干重要细节,印证和匡正了此前学术界关于黄兴父母、兄姊等家世情况的一些说法,是研究黄兴生平的重要史料,具有较高的历史价值。该家谱1988年由黄兴后裔黄其盛捐赠予辛亥革命武昌起义纪念馆。

撰稿:王卫华

○《伦敦被难记》

《伦敦被难记》，三级文物。孙中山著，甘作霖译，1912年上海商务印书馆翻译出版。纵18.6厘米，横13厘米。封面为红、黄、蓝、白、黑五色，取意象征五族共和的五色旗。

1895年10月广州起义失败后，孙中山为逃避清政府追捕，先后流亡中国香港地区和日本、美国，次年来到伦敦。1896年10月11日，孙中山被清驻英公使馆诱捕拘禁。不久，孙中山说服看守，将其被关押情况告知友人康德黎。康德黎将该事告知媒体记者和英国外交部，在国际舆论的压力及与英国政府多次交涉下，孙中山于23日获释。

孙中山伦敦蒙难作为一桩国际事件，引发媒体竞相报道，使孙中山及其革命理想为公众所知，无形中提升了孙中山的政治地位和影响力。日本皇家学会发表《论孙逸仙事》，详细报道孙中山伦敦蒙难经过；香港《士林西报》刊载了《想象中的中国革命者》，介绍孙中山其人；《时务报》则发表系列文章，讲述伦敦蒙难一事，为孙中山做了正面报道。

伦敦蒙难事件是孙中山革命生涯的转折点。为争取国际舆论同情、反击清廷，孙中山将这段蒙难经历写成自述，冠名 *Kidnapped in London*，于1897年1月21日在英国出版。1912年甘作霖将孙中山英文版自述译作《伦敦被难记》，由上海商务印书馆出版，后收入中华书局出版的《孙中山全集》。

20世纪30年代学界尚未系统整理相关中外档案以前，1912年版《伦敦被难记》是研究孙中山早期革命经历的主要史料，被广泛引用。该书2007年从南京私人收藏家处收购，现藏于辛亥革命武昌起义纪念馆。

撰稿：黄婧

○《孙中山先生手札墨迹》

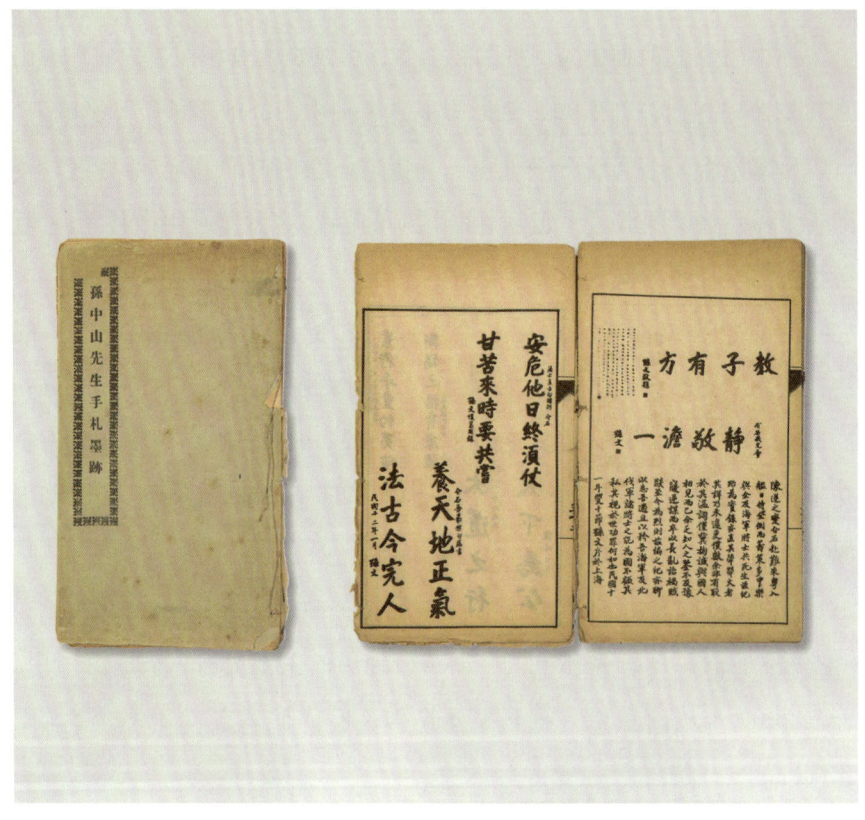

《孙中山先生手札墨迹》,三级文物。孙中山著,民国纸质线装书,纵 26.5 厘米,横 15.3 厘米,厚 0.7 厘米,边缘脱线、残破。

该书为孙中山先生手札墨迹印刷本，印刷年份不详。内页第一页为中华民国元老张人杰所题书名。本书收录了22篇孙中山致蒋介石的手札，第1、第2两篇为1922年孙中山居上海时所写，第3至第8篇为1924年孙中山在广州大本营时所写，第19至第22篇为1924年孙中山在韶州（今广东韶关）时所写。手札后还收录了1922年孙中山在上海时为《孙大总统广州蒙难记》一书所作的序文，另还收录孙赠予蒋的手书对联及横幅共八幅。此外，书中还有一篇民国政治领袖、书法家谭延闿1926年手书的关于本书的介绍以及对孙中山先生的怀念文字。

蒋介石（1887—1975），名中正，字介石。浙江奉化人。1907年考入保定全国陆军速成学堂，毕业后赴日本留学。1908年入东京振武学校学习，同年加入中国同盟会。1914年加入中华革命党，1924年5月被孙中山任命为黄埔军校校长。后历任国民革命军总司令、行政院院长、国民政府主席、三民主义青年团团长、中华民国总统等职，并连续当选中国国民党总裁。1975年在台北病逝。

孙中山与蒋介石的关系密切。蒋受到孙中山重用是在孙1922年广州蒙难之后。1922年，孙中山正指挥第二次北上护法战争，6月16日，军阀陈炯明在广州发动叛变，炮轰总统府，孙中山被迫逃到永丰舰上。当蒋介石接到孙中山的求援电报时，立即由沪赴粤，6月29日，蒋介石冒着生命危险秘密登上永丰舰。此后，蒋介石紧跟孙中山，为其出谋献策，抗击叛军，与孙中山并肩战斗了40多个日日夜夜，直到最后护送孙中山脱险回沪。经历了"永丰患难"，孙中山对蒋介石的信任大为增加，这是蒋、孙关系发展的重大转折点。

《孙中山先生手札墨迹》收录的二十余篇孙中山手札，书写时间都在孙广州蒙难事件后，大部分为孙中山与蒋介石交流北伐练兵、北伐出兵、军械分配等内容，从中可窥见1922年至1924年间孙中山北伐思想的主张及北伐的决心,对研究孙中山革命思想及北伐时期的历史极具参考价值。同时,孙中山在信中也表现出对蒋介石的器重。永丰舰事件之后,孙中山很快委蒋介石以重任。1922年10月,蒋介石被任命为"东路讨贼军"参谋长,准备由福建开赴广东讨伐陈炯明。因军事进展缓慢,孙中山在1922年11月21日给蒋的一封长信中写道:"望兄为我而留,万勿以无进步而去。兄忘却在白鹅潭舟中之时乎""今则有我在外活动,而兄等在福州则为我之后盾也,有此后盾则我之计划措施日日有进步""兄无论如何艰苦烦劳必当留在军中,与我在外奋斗相终始""吾人当要分途奋斗,不可一时或息"。信中表现出孙对蒋的特殊情感,正如谭延闿在后文中提到的"其期望介石之深,与待之之厚"。手札之后收录的孙中山为《孙大总统广州蒙难记》写的序文:"陈逆之变,介石赴难来粤入舰,日侍余侧,而筹策多中,乐与余及海军将士共生死"以及孙为蒋题字"静敬澹一""从容乎疆场之上,沉潜于仁义之中"等文字,都能体现出孙与蒋的特殊情义。

该书2007年从南京私人收藏家处收购,现藏于辛亥革命武昌起义纪念馆。

撰稿:蒲依

○ 余诚日记本

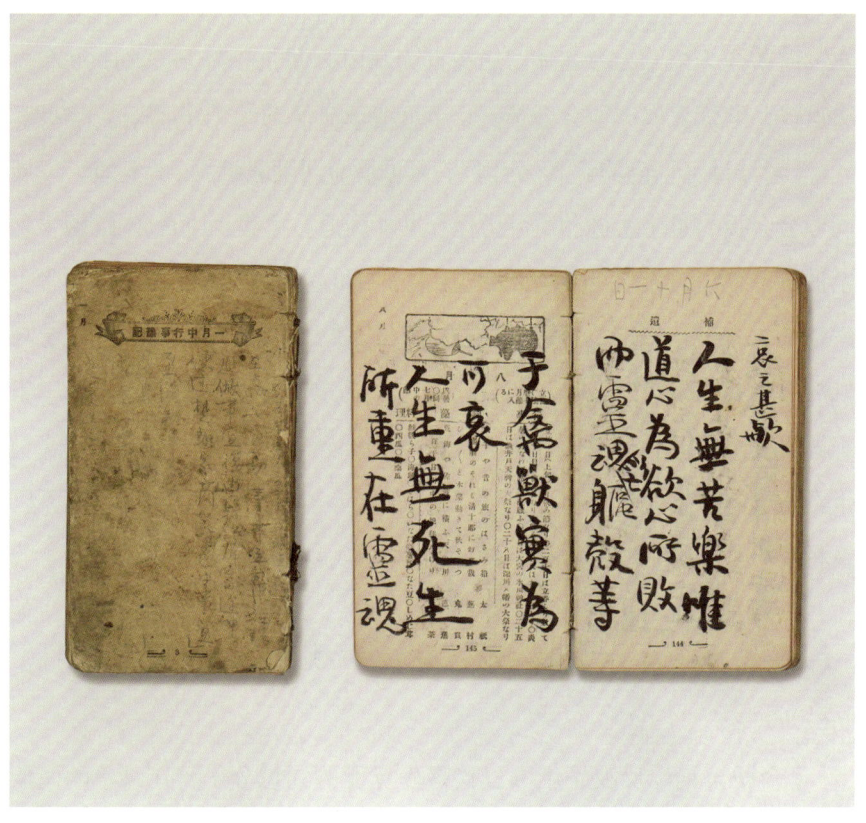

湖北革命党人余诚 1906 年 1 月 1 日至 10 月 31 日间所记日记，一级文物。纸质。纵 13.5 厘米，横 7.5 厘米。日记以铅笔、钢笔或毛笔书于日本明治三十八年十月（1905 年 10 月）东京印制的《新形怀中日记本》上，日记编辑兼发行人为大桥新太郎。现存日记封面及头两页已缺失，中间有缺页，11 月、12 月均不存，但存末尾附录及版权页。共计 218 页，3800 余字。

余诚（1884—1910），原名仲勉，字简斋，号思父，湖北麻城人。1904年赴日本留学。1905年参与筹建中国同盟会，主持湖北盟务，并参加《民报》编辑工作。不久奉派回鄂，与刘静庵合作，以日知会为活动基地，发展组织。1906年与刘静庵等谋响应萍浏醴起义，事泄逃往上海，1907年5月又遭清政府悬赏通缉，流亡日本。为砥砺学行，务本崇实，以革命为依归，改名诚。后被推为同盟会湖北分会会长。1908年再次返汉，继续发展同盟会会员，从事反清革命活动。1910年病逝于麻城。

《余诚日记》记录了1906年间，余诚受命回湖北组织革命运动，发展同盟会会员的思想轨迹和革命历程。据《日记》记载，1905年12月下旬余诚自日本横滨启程回国；1906年1月5日抵达上海，参与"归国留学生学堂事"；1906年1月19日回鄂，他积极提倡"私塾改良及放足"，参与"谋办湖北旅学事""集四乡绅士会议学务公务事件""为中国公学募捐""组织湖北教育会"。同时，《余诚日记》详细记载了他与同盟会、日知会会员于右任、刘静庵、季雨霖、黄选青、殷子衡等革命党人之间的紧密联系以及科学补习所开学、法国友人欧几罗来鄂开欢迎会等重要事件。

《余诚日记》还以大量篇幅记录或抄写了许多发人深省的诗句，如"人生无死生，所重在灵魂""匣中龙光剑，一鸣四壁静。夜夜辄一鸣，负汝汝难忍"。

《余诚日记》反映了中国近代最先觉醒的知识分子，在深重的民族灾难中，为救亡图存、振兴中华，推进中国社会变革所发挥的先锋作用。《余诚日记》是研究余诚生平和湖北辛亥革命史极为珍贵的文物史料。

余诚逝世后，该日记本藏于麻城老家。余诚之孙余品安1980年曾将《日记》交中国社会科学院近代史研究所保存，1985年8月捐赠予辛亥革命武昌起义纪念馆。

撰稿：袁磊

○《劝学篇》

　　《劝学篇》，三级文物。张之洞著，清代线装书。封面左上方红色单线框内印有套红楷体"劝学篇"书名，首页龙纹框内套红印有关于颁发张之洞《劝学篇》的上谕，次页正面竖排墨印有楷体"劝学篇"书名，背面竖排墨印有楷体"光绪戊戌三月两湖书院刊本"字样。

《劝学篇》由张之洞著于1898年4月,同年5月5日发表,共24篇,4万余字。分内篇、外篇。内篇包括同心、教忠、明纲、知类、宗经、正权、循序、守约、去毒九篇;外篇包括益智、游学、设学、学制、广译、阅报、变法、变科举、农工商学、兵学、矿学、铁路、会通、非弭兵、非攻教十五篇。"内篇务本,以正人心;外篇务通,以开风气"。"本"指有关世道人心的封建伦理,不可动摇;"通"指有关工商业、学校、报馆诸事可变通办理,不必一概排斥。全书贯穿"旧学为体,新学为用"的论点,主张在维护封建专制制度的基础上,接受西方资本主义的军事、经济技术,反对维新派"开议院、兴民权"的思想和政治主张,鼓吹"三纲为中国神圣相传之至教"和"故知君臣之纲,则民权之说不可行也""使民权之说一倡,愚民必喜,乱民必作,纪纲不振,大乱四起"。

该书以"激忠爱,摧横议"为目的,是集中反映洋务派思想和政治体系的代表作,深得封建统治者的赏识,下令广为刊布,颁行全国,因是"挟朝廷之力以行之,不胫而遍于海内",十日之内三易版本,刊行不下两百万册。此书还先后译成英、法文出版。1900年纽约版易名为《中国唯一之希望》。

该书现藏于辛亥革命博物馆。

撰稿:关睿

○《武昌开国实录》

《武昌开国实录》,三级文物。胡祖舜著,民国纸质线装书,铅印,共上、下两册,单本纵 25.3 厘米,横 15.2 厘米,厚 1.3 厘米。

胡祖舜（1885—1948），原名恢汉，字玉斋。湖北嘉鱼人。日知会会员，1909年与赵士龙等发起组织兰友社，从事革命活动。后经杨玉如介绍，加入共进会。1910年在武昌胭脂巷11号寓所设立共进会秘密机关，任机关联络。武昌首义前夕，密信李鹏升决议15日起义。10月9日革命机关遭破坏，其妻被捕。次日武昌首义，任民军辎重二营管带。阳夏保卫战时，胡任兵给总监，输送军需接济各军队，并率部在汉口与敌血战。汉阳失守前焚烧仓库。1913年补授少将衔陆军步兵上校。1913年7月参与"二次革命"，与刘英南下讨袁。1946年列名辛亥首义同志会，任常务理事。1948年在武汉病逝。

该书名为《武昌开国实录》，关于"开国"，根据作者的自序："辛亥武昌首义，革命也，迹其事功，则为开创中华民国，一年一度之国庆，由是而制为定典，核实正名，宜曰开国。"而何为"实录"，作者在例言中表述"本书专记述辛亥武昌开国事实，起至科学补习所，讫北京临时政府成立，凡直接有关于武昌开国大事，悉行采录"。全书分上、下两册，共计20余万字，"以事为纲，以年月日为序，一本客观，平凡叙述，不尚词藻，俾能一目了然"。

作者胡祖舜于1925年即开始着手写此书，1931年完稿，完稿后一直自藏，历经抗战，险遗失，直到1948年才出版问世。该书所取材料，除作者亲历收藏的外，有采自中华民国初年档案及北京清内阁公报，也有采访当时尚在世的革命参加者口述或笔记，并收集了外国使领的报告文书，各种材料相互印证。上册一共32章节，从科学补习所写至黄州反正，下册一共20章节，从宜昌反正写至北京临时政府成立。每册末尾录正误表。上册正文之前还收录了大事日志，从辛亥年八月初三"湖北共进会文学社会议决定总动员计划"到中华民国元年三月初十日"袁世凯在北京就任民国临时大总统"，共记录此段时期内发生的39件大事。

  胡祖舜是辛亥革命的直接参与者，谈及著书的初衷，作者在自序中写道："武昌开国，有众万千，出生入死，前扑后继，为天下先，自多可歌可泣之史实，宜与山河并寿，日月争辉，忍令沧海沉沦，遗讥数典，抑或道途摭拾，传说纷乘者耶？著者愧为后死，勉成斯帙，存此庐山面目，聊以阐扬先烈潜幽于万一，是亦后死者之责任也。"作者所著史实尽量客观，因此，该书极具史料价值。

  该书原为汉阳朱济川先生保存，1980年2月朱将此书捐赠予湖北省博物馆，1981年湖北省博物馆将其移交给辛亥革命武昌起义纪念馆。

撰稿：蒲依

○《峭谷诗稿》

《峭谷诗稿》,二级文物。张祝南著,民国图书,纸质。长25.7厘米,宽17.5厘米,厚1.4厘米。

张祝南（1883—1966），字肖鹄，湖北鄂城（今鄂州）人。14岁在家乡开馆训蒙，20岁中秀才。1906年考入两湖师范学堂，1911年加入共进会。武昌起义后，参与创办《中华民国公报》，任副主笔。1912年应邀在汉口襄办《震旦民报》。1913年，被推为江汉公学校长，后因经费困顿停办。1916年与蔡济民、熊晋槐等组织讨袁，负责宣传工作，并主办《武汉日报》《江汉日报》等。护法运动时，同牟鸿勋等受孙中山命回鄂组建鄂西靖国军，张任秘书长。1919年初，与董必武赴沪谒孙中山，旋领命入川，并任川鄂联军前敌总指挥部秘书。1927年任安徽颍上县县长，后回乡创办神山小学、中山中学。后旅居上海、南宁、烟台。1966年7月病逝于烟台。

张祝南的一生，经历了清末、民国、新中国等发生巨大历史变革的时期。他的诗歌跨越了辛亥革命前后直至反袁护法时期。整本诗稿录诗七百余首，分《游学》《从戎》《从政》《还山》《萍飘》五集，除部分为即景感赋、友人酬唱和家亲记事外，绝大部分诗歌以革命事件为题材，《从戎》集为诗稿的精华所在，可以从中了解到张祝南的民主共和思想以及为实现民主共和的革命实践。

张祝南的诗歌虽为古体诗，但并不泥古，叙事和抒情与诗的格律，很自然地结合起来，具有一定的文学价值。更重要的是每经一事，必有诗歌，每经一战，必有诗录，每录之事，概系身历其境，因此是珍贵的文物史料。尤其是历史上存在的一些疑案，如蔡济民之死，说法颇多，恰在《峭谷诗稿》中，确切记录了系四川靖国军纵队司令方化南指挥包围鄂西靖国军司令部于利川，蔡济民在突围中被方化南部下杀害一事。整部书稿目录部分为后人书写，正文部分则为张祝南亲笔书写，后装订成册。该诗稿1985年张祝南之孙张德庚将其捐赠予辛亥革命武昌起义纪念馆。

撰稿：董芙蓉

辛亥武昌首义文物

○《松坡军中遗墨》

　　《松坡军中遗墨》，三级文物。蔡锷著，民国图书，纸质。长30厘米，宽26.5厘米。该书收录了蔡锷1915—1916年护国战争中的书函和电稿。《松坡军中遗墨》共有两册，包括书函4封、电稿103封，1918年由中华书局首次印刷发行，原稿已不知所在。1926年中华书局再次重印2000册发行，该《松坡军中遗墨》便是1926年的重印本，反映了护国战争的发动、作战经过及当时各方情况。由梁启超亲笔跋"松坡军中遗墨"，并有手批数十条。

蔡锷（1882—1916），原名艮寅，字松坡，湖南邵阳人。中国近代民主革命家、军事家。1882年出生于湖南宝庆，12岁考中秀才。1898年入长沙时务学堂，师从谭嗣同、梁启超。戊戌政变后入南洋公学。1900年参加唐才常发动的自立军起义，失败后改名"锷"，立志"流血救民"。1901年赴日本公费留学，后入陆军士官学校学习军事，1904年回国，先后在江西、湖南、广西、云南等地训练新军。1911年任云南新军第十九镇第三十七协协统。武昌起义爆发后，与云南讲武堂总办李根源在昆明举兵响应，建立军政府，任云南都督。1912年10月陆军部授予陆军中将加上将衔。1913年奉调北京，先后任陆军部编译处副总裁、政治会议议员、参政院参政和全国经界局督办等。1915年袁世凯称帝，秘密离京，辗转至昆明组织护国军，宣告云南独立，任护国军第一军总司令，与袁军激战于四川泸州、纳溪，击败袁军，迫使袁世凯取消帝制。其以再造共和之功，被誉为"护国元勋"。1916年7月任四川督军兼省长，致力治川，但因喉疾加剧，赴日本就医。1916年11月病逝于日本福冈，次年4月12日，被国葬于湖南长沙岳麓山，为民国国葬第一人。

蔡锷的一生，短暂而辉煌，他注意辨别政治风云，顺应历史潮流，投身革命运动，在军事理论和战争实践方面都作出了较为突出的贡献。特别是在护国战争中，他抱病参战，指挥劣势军队顶住了优势敌人的进攻，逼迫敌军停战议和，表现出了坚定不移、临危不惧的精神和为国为民战斗到底的英雄气概。他既继承了正直、勇敢的传统美德，又深受西方先进文化的浸润，竭尽全力捍卫民主与法治，推动了中国近代民主政治的发展。

该书1988年由后裔孙文琴捐赠予辛亥革命武昌起义纪念馆。

撰稿：董芙蓉

—— 辛亥武昌首义文物

○《汉口市政建筑计画书》

《汉口市政建筑计画书》，二级文物。孙武著，民国图书，纸质。纵 29.4 厘米，横 17.8 厘米。这是一本由孙武撰写的关于汉口城市建设的发展规划。

孙武（1880—1939），原名葆仁，字尧钦（一作尧卿）。湖北夏口（今汉口）人。早年毕业于湖北武备学堂，参与自立军起事，后加入科学补习所和日知会。1907年"日知会"案发，辗转赴日本，参与发起组织共进会，被推举为军务部部长。翌年冬回鄂创建共进会湖北分会，后加入中国同盟会，联络和发动新军起义。1911年9月，共进会与文学社合并，制订起义计划，被推举为起义指挥部参谋长。10月9日因赶制炸弹失慎爆炸，受伤住院。武昌首义成功后，在鄂军都督府任军务部长，1912年因群英会事件去职。1922年萧耀南督鄂，委孙武为汉口地亩清查督办。1923年12月，汉口地亩清查专局印行了孙武撰写的《汉口市政建筑计画书》。

该书从市区开辟计划、建筑计划、建筑款项筹措、市政营业、市政收入五个方面对汉口市政建设进行了全面规划，较详细地勾画出了汉口城市近代化建设的宏伟蓝图，而其核心则是将汉口打造成商业大都市。虽然在孙中山先生的《实业计划》中，也曾对武汉的建设方略有过规划，但在具体细节上，远不及孙武《汉口市政建筑计画书》详实和富于操作性。

在这份《计画书》中，孙武从战略的高度重新审视了汉口的地位，历史性地计划将汉口建设成商业大都市，并且全面系统地规划商业区（商场）的建筑顺序和建筑模式，最重要的是兴建发达的交通，建立完善的水路交通网络体系。他提出"以汉阳之大别山麓（龟山）、武昌之黄鹄山麓（蛇山）为桥础，架设武汉大铁桥"，将京汉、川汉、粤汉三大铁路连接贯通等设想在今天已成为现实。孙武关于汉口商业大都市的擘画，是建立在武昌首义前汉口商贸领先全国的地位及民国初年社会各界围绕汉口商市重建种种努力的基础之上的，是迄今所知的第一份完整的汉口城市建设发展规划，对武汉城市规划和发展历史具有重要的研究价值。1989年孙武之孙孙吉章将其捐赠予辛亥革命武昌起义纪念馆。

撰稿：袁磊

辛亥武昌首义文物

○李志新编印《辛亥首义同志会会员名册》及辛亥名人题词手册

李志新编印《辛亥首义同志会会员名册》及辛亥名人题词手册，一级文物。李志新编印，该册长27厘米，宽20厘米，厚3.2厘米，线装本。封面从右至左竖排题书"李志新编印辛亥首义同志会会员名册"字样，落款为"于右任题"及一方朱文印章。其内有辛亥名人墨迹140余幅，有张知本题词"为天下先"、莫纪彭题词"慷慨悲歌"、于右任题词"开国精神"等，以及各地光复简表、辛亥首义同志会会员名册、辛亥首义同志会章程和辛亥首义在台同志名册等。

于右任（1879—1964），原名伯循，字诱人，尔后以"诱人"谐音"右任"为名。原籍陕西泾阳，出生于三原县。1906年赴日本加入中国同盟会，被委任为"长江大都督"。1911年秋，参与主持中部同盟会事务。1912年1月，任中华民国临时政府交通部次长。1928年后，任国民政府审计院院长、监察院院长等职。

抗战胜利后，向海潜和梁维亚等人筹划组设辛亥首义同志会，得到了时任湖北省主席万耀煌、议长何成濬及居正、张知本、王世杰、贺国光等人的大力支持。1946年6月15日，辛亥首义同志会在武昌正式成立，公推居正为理事长，登记会员1644名，为当时健在的参加过武昌起义的辛亥革命志士。国民党政权败退台湾后，辛亥首义同志会有关文件、名单等资料被向海潜带到了中国台湾。后经旅台的张知本、赵恒惕、马超俊、王世杰等人提出在台复会的提议，又由辛亥革命志士后裔李志新奔走多年，辛亥首义同志会于1965年6月6日在台复会，更名为辛亥武昌首义同志会。当时旅台的辛亥革命老人所剩无几，参加过武昌起义的更是寥若晨星，因此除元老会员外，首义同志会又吸收了不少后裔会员和名誉会员。

此手册为旅居台湾的李次生之子李志新花费60余年心血，遍访在台湾的辛亥革命武昌起义亲历者及其后裔，并在此基础上进行充分考证研究后编印而成的。其中不仅记录了辛亥首义同志会发展演变的历史过程，而且收录了张知本等辛亥革命志士颂扬武昌首义精神、缅怀革命先烈的珍贵手迹，具有极其重要的收藏、研究和展示价值。

该手册现藏于辛亥革命博物馆。

撰稿：胡伟

○《辛亥湖北武昌首义事前运动之经过暨临时发难之著述》稿本

《辛亥湖北武昌首义事前运动之经过暨临时发难之著述》稿本,一级文物。墨书,共38页。稿本由熊秉坤口述,请人记录而成,书内留有修改痕迹。内容包括"湖北革命之起源及其经过之情形""湖北新军革命质量暨其经过并驻扎地""工程第八营革命经过并组织、工八营首先发难暨事前布置"等七个章节,其中大部分内容已由中国台湾于1961年10月在《中华民国开国五十年文献》第二编第一册中发表,后经整理简缩收入《辛亥革命回忆录》第二册。

熊秉坤（1885—1969），原名祥元，又名忠炳，字戴乾，湖北江夏（今武昌）人，辛亥革命武昌首义元勋，著名爱国民主人士。熊秉坤1904年投湖北新军第八镇工程第八营当兵，后升正目。之后，熊秉坤被挑选入讲武堂工兵班、陆军将校讲习所参谋班学习。熊秉坤受清末民族民主革命思潮影响，先后加入日知会、共进会等革命团体。1911年，湖北革命党人酝酿发动起义时，他担任了共进会工程第八营总代表、工程营革命军大队长，积极联络同志，发展组织。10月9日，汉口宝善里爆炸案发，清湖北当局加紧抓捕革命党人，革命力量有被摧残殆尽的危险。当时湖北革命党的领导和骨干，有的被捕牺牲，有的隐匿逃亡，在革命党群龙无首的紧急关头，熊秉坤自动联系营内革命党人，于10月10日晚首先发动起义，全城革命党人响应，一举推翻清廷在湖北的统治，建立了全国第一个资产阶级革命政权。新中国建立后，他积极拥护中国共产党的大政方针，致力于弘扬辛亥革命精神、推动两岸和平统一大业和辛亥革命史迹保护工作。

该稿本现藏于辛亥革命博物馆。

撰稿：卢骏

○辛亥首义工兵第八营前队生死同志花名册

辛亥首义工兵第八营前队生死同志花名册，二级文物。纸质，纵 27 厘米，横 19.3 厘米，厚 0.9 厘米，线装本。

工兵第八营，即工程第八营，直属清陆军第八镇，驻扎在武昌城内墩子湖（今名紫阳湖）东侧紫阳桥附近的分水岭（今湖北省总工会大院），是湖北新军最先成立的部队，装备较优，同时，也是革命党人渗入较早的部队，至武昌首义前夕，党人百余，约占全营三成，加上受影响者，已为多数。该营士兵加入共进会、文学社多人，1911年夏秋之际已基本被革命党掌握。

1911年10月10日（宣统三年八月十九日）晚，在起义机关暴露、革命危在旦夕的时刻，工程第八营士兵程正瀛当机立断，果断开枪，击中排长陶启胜，接着程正瀛又开枪击毙军官多名，引起全营震动。工程第八营打响首义第一枪后，众人由熊秉坤率领，出营门，奔向楚望台，参与夺占楚望台军械库的战斗，并取得胜利，随后诸标营响应，攻打湖广总督署，占领武昌。工程第八营在10月10日晚首先开枪发难，并不遗余力地投入到随后的战斗中，为辛亥首义的成功作出了不可磨灭的贡献。武昌起义后，工程第八营被编入民军第五协，参加了后来的阳夏战争。原工程第八营方兴、马荣更是发起组成鄂军敢死队，队员也大半为原工程第八营士兵。

工程第八营分前、后、左、右四队，辛亥首义工兵第八营生死同志花名册按此划分为四部分，分别列出了前队、左队、右队、后队中尚在世的成员名单，参加1911年10月10日晚起义的尚在世的同志名单，参加10月11日作战尚在世的同志名单，阵亡和已病故成员名单，参加10月10日晚起义死者和阵亡同志名单，阵亡同志及有职务的同志在名单后标注。前队共列131名，左队共列131名，右队共列110名，后队共列136名（后队成员及参加10月10日晚起义同志未列入）。末页注明了审核人姓名并盖姓名章，分别为郑廷钧、刘定基、钱振国、曹定国、周占奎、凌振邦、李殿甲、王振甲，这8人也分别在前文花名册中，其中郑廷钧、刘定基在前队，钱振国、曹定国在左队，周占奎、凌振邦在右队，李殿甲、王振甲在后队。

该名册并未注明编撰时间。名册中所列工程第八营同志，可以看到该营比较有名的革命党人代表，如雷振声（后队）、熊秉坤（后队）、金兆龙（后队）、程正瀛（后队）、周定原（左队）、马荣（左队）、吕中秋（右队）、凌振邦（右队）、徐兆斌（前队）等，并对每队同志分类列出，具有较高的史料价值。但名册中也有涂改、添加人物的痕迹，可能此版并非为最终定稿，在参考时应辩证看待。

该名册原为熊秉坤保存，1991年熊秉坤之子熊辉将其捐给辛亥革命武昌起义纪念馆收藏。

撰稿：蒲依

○ 辛亥首义同志会工兵第八营八月十九首先开枪发难及阳夏战争阵亡及亡故同志姓名册

辛亥首义同志会工兵第八营八月十九首先开枪发难及阳夏战争阵亡及亡故同志姓名册，三级文物。纸质，长 27.2 厘米，宽 19.5 厘米，厚 0.5 厘米。

辛亥武昌首义文物

辛亥首义同志会是辛亥革命纪念组织，1946年6月15日成立。该姓名册所录人名共计337名，为工程第八营10月10日（农历八月十九日）晚首先开枪发难及在阳夏战争阵亡及亡故同志的姓名、死别（战争中阵亡的以及至统计时已亡故的），有特殊事迹的人物在死别下方标明。如第一页所列第一位姓名徐兆斌，死别阵亡，下面补充"曾充第一敢死队队长，辛亥九月一日在汉口头道桥受伤未死，在滠口活剐"。第二位姓名马荣，死别阵亡，补充"辛亥九月四日在汉口歆生路敢死队督战，身骑白马冲过敌人阵地，在火车站活剐"。此页还有方兴、金兆龙、杨金龙、陈（程）正瀛等人姓名。查考史实，这些人均是原工程第八营出身，在10月10日晚或首先开枪发难（金兆龙、程正瀛），或参与夺占楚望台军械库（马荣、徐兆斌、方兴、杨金龙），他们都在10月10日晚的战斗中身先士卒，奋勇作战，是战斗中的中坚力量。

该姓名册内页中还录入了三名在10月10日晚被革命党人杀害的清军军官，分别为黄坤荣、张文涛、陶启胜。三人死别均为"当日首义开枪被杀"。这也进一步印证了工程第八营10月10日晚首先开枪发难的史实。10月10日傍晚，二排长陶启胜带护兵查铺至第六棚，见金兆龙荷枪实弹（此与"各目兵不得擅动武器"的命令相违），大惊，直前欲夺金兆龙枪。在双方扭打中，程正瀛率先开枪，击中陶启胜，接着又开枪击毙队官黄坤荣、司务长张文涛等人。在千钧一发之际，工程第八营革命党人果断打响"第一枪"，揭开了武昌起义的序幕。无论是10月10日晚首先发难，还是阳夏战争，工程第八营的同志们敢为天下先，为中华民国的建立作出了不可磨灭的贡献。

该文物由湖北省博物馆移交，现藏于辛亥革命武昌起义纪念馆。

撰稿：蒲依

○民国铁血军养济院伤废军士姓名清册

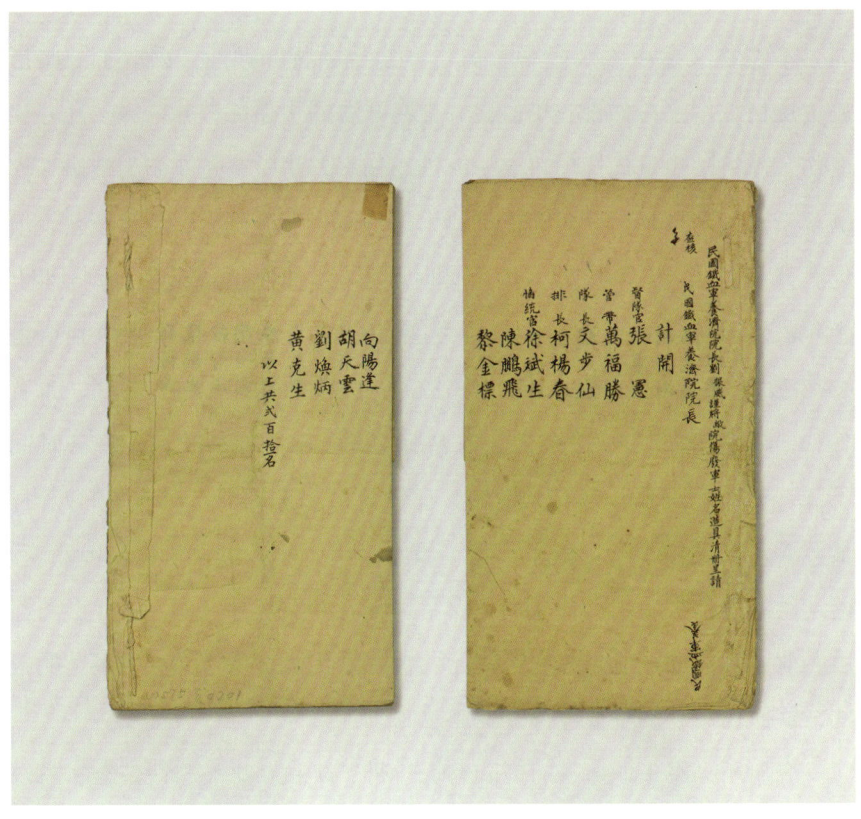

民国铁血军养济院伤废军士姓名清册，三级文物。纸质，线装，纵27.8厘米，横15.5厘米，厚0.3厘米。

该名册无封面，首页第一列为"民国铁血军养济院院长刘振威谨将敝院伤废军士姓名造具清册呈请"，第二列为"查核 民国铁血军养济院院长"，第三列"计开"，后面即为该院军士具体名册，主要为两项信息，即职务（或兵别）及姓名，共录入军士211名。名册编撰时间不详。

辛亥首义之役，众多军士伤亡。黎元洪督鄂期间，采取了一些措施优抚伤亡军士，如设立毕血会、支持开办烈士遗孤教养所等。开办铁血伤军养济院也是优抚项目之一。铁血伤军养济院，是专门为抚恤和安顿辛亥首义伤残军士设立的机构，为伤残军人调养病伤、教授技艺，地址在武昌县华林。该院成立的具体时间不详，据推测最迟在1913年上半年就已开办。在院伤军的数量可能有过较大变化，曾有报章报道是437名，另有政府公报中记载438名，这两个数据并无统计时间，也有1913年报道该院约三百余人。本名册中共记载伤军211名，记载时间不详，说明在院人员是有浮动的。在黎元洪督鄂期间，对伤军的抚恤，最开始每名月饷十元，后来，伤军挟众闹事，黎元洪将身体未曾残废、能运动的受伤兵士，一概取消，仅留残废者养赡，并减饷。黎元洪离鄂后，北洋军统治湖北，改变了黎元洪督鄂时优恤辛亥首义受伤军士的做法，铁血伤军养济院被迫停办。

名册所列军士职务，有督队官、管带、队长、排长、协统官、马号目、兵工匠、号兵、学生军等，据推测这些职务或身份为各伤军之前所在部队的职务或身份。如管带万福胜，先前为湖北民军近卫炮队第一标第二营管带，1911年10月10日参加武昌起义，后又投入阳夏保卫战。名册中所列军士姓名，大多数无从查考，院长刘振威其人履历不详。

该文物由湖北省博物馆移交，现藏于辛亥革命武昌起义纪念馆。

撰稿：蒲依

○喻育之手书《在东京参加同盟会的湖北人名单》

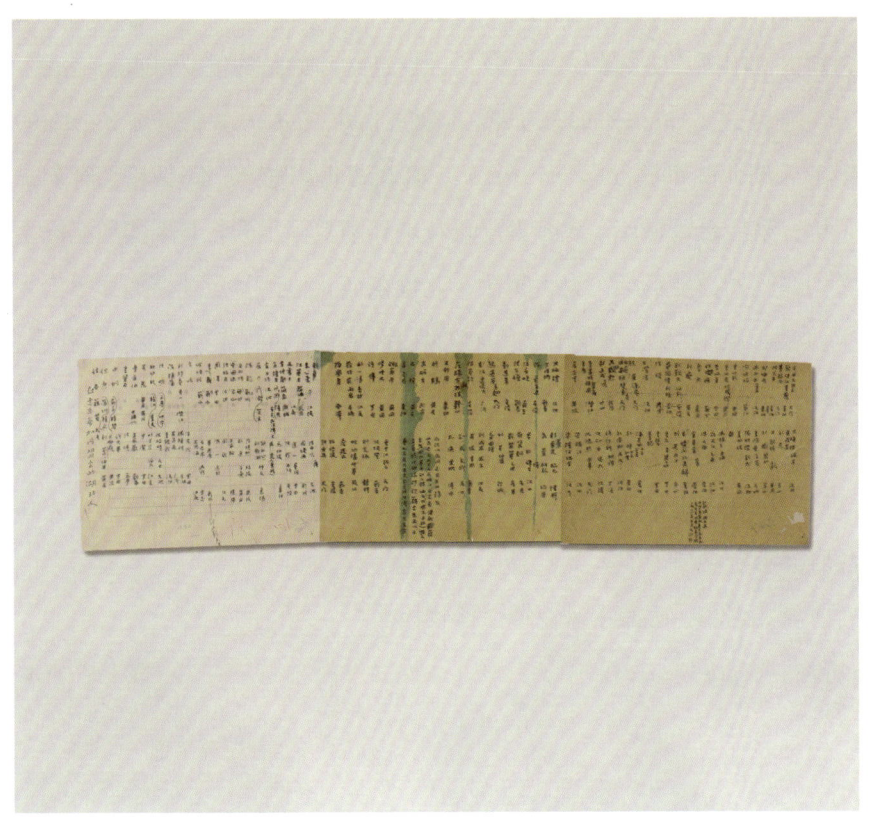

　　喻育之手书《在东京参加同盟会的湖北人名单》，二级文物。20世纪70年代，辛亥革命老人喻育之晚年手书。整张纸由土色、淡黄和白色依次拼接而成，其上所有字迹均为手书的黑色钢笔字。名单最左边竖排写有"在东京参加同盟会的湖北人"，其后依次竖排写有会员的姓名，每个成员的情况均由姓名、外号以及籍贯组成，极少数名字下方写有其动向，少数名字有修改迹象。名单总人数为137人。

1905年8月20日，孙中山在日本东京联合兴中会、华兴会、光复会等革命组织，成立了中国第一个全国性的资产阶级革命政党——中国同盟会。推举孙中山为中国同盟会总理，孙中山提出的"驱除鞑虏，恢复中华，创立民国，平均地权"成为中国同盟会纲领，并订立了《中国同盟会总章》，着手建立各级地方组织。中国同盟会以崭新的面貌和姿态登上了中国历史舞台，成为革命力量进一步集结的重要标志。

喻育之（1889—1993），学名喻义，字英才，湖北黄陂人。1909年考入湖北陆军测绘学堂。1910年加入湖北共进会。武昌起义时参加了抢占楚望台军械库、攻打湖广总督署和阳夏保卫战。其以实现三民主义为自己的奋斗目标，讨袁护法、北伐东征，他都坚定地追随孙中山先生。1924年国共第一次合作时，担任国民党上海执行干事。1925年赴渝，创办《重庆时报》，从事北伐宣传。后任湖北省水利局局长，湖北省财政厅厅长，国民参政会参政员，辛亥首义同志会常务理事等职。1949年后，历任中南军政委员会委员，武汉市政协委员、常委，武汉市人民政府参事室参事等职。

该《名单》现藏于辛亥革命博物馆。

撰稿：卢骏

○《辛亥首义同志会会员名册》

《辛亥首义同志会会员名册》，二级文物。纵25.6厘米，横18.8厘米。辛亥首义同志会于1946年创建，是民国时期最大的辛亥革命纪念组织。辛亥首义同志会的成立缘于部分辛亥革命老人有感岁月既久，辛亥史实文献失征，遂建立该组织采集史实，以资纪念。据统计，辛亥首义同志会成立当年，录有会员1644人。会员名册录有全体会员的姓名、年龄、籍贯、通信地址等信息，如遇会员逝世或地址变更，则在"备考"栏注明，作为开展活动的依据。

辛亥武昌首义文物

据《申报》报道，辛亥首义同志会发起人为辛亥革命以后留汉的36位元勋，理事长是时任国民政府司法院长的居正。辛亥首义同志会章程共六章十八条，规定了该会的名称、宗旨、主要任务、会员类别、会员大会权限等，还规定了理监事设置及选举流程、经费来源、附则等事项。其中明确该会的主要任务有：一、编撰辛亥首义革命实录；二、建修彭刘杨及首义烈士祠并烈士公墓；三、建修首义公园及各战地纪念物；四、举办首义同志子女学校；五、抚恤首义同志铁血伤军及殉难同志遗族。

辛亥首义同志会组织的"双十节"纪念活动颇具影响，该会还创办了《辛亥革命史迹》纪念刊物、筹建武昌首义大学、提请政府对辛亥革命先烈进行公葬或国葬、推动武汉地区辛亥革命建筑和遗迹的修缮保护工作。

除以上大型纪念活动外，《黄埔》杂志纪念辛亥革命一百周年增刊上刊载了辛亥首义同志会发出的通知，可一窥组织的日常事务。如：一、新制证章、更换身份证及安居证有关事项；二、纪念章、会员身份证有损毁遗失要求补办和更新的事项；三、清明节前往先烈茔墓开展纪念活动的事项。

《辛亥首义同志会会员名册》是研究辛亥革命历史的重要资料，2011年自向海潜之子向榕铮处征集。现藏于辛亥革命武昌起义纪念馆。

撰稿：黄婧

○《江汉日报》

　　《江汉日报》，二级文物。横78厘米，纵55厘米。《江汉日报》是辛亥革命时期知名的革命报纸。1908年3月17日在汉口创刊，留日归国学生饶翼儒、方聪甫、欧阳珉澄、姜旭溟发起，饶翼儒、姜旭溟先后出任总经理，金针三等编撰。《江汉日报》由自办志成中外印刷公司印刷。每周出6期，每期8版，双面印刷。

该报以广开民智、鼓吹改革、呼号革命为主旨，设社论、专电、新闻、调查、小说、词林、插画等 20 余个栏目。曾刊有《政府立宪之概观》《论中国立宪当求唯一之方法》，批判预备立宪，宣传民主共和；译载日本《大阪每日新闻》文章《清国之革命党》，系统介绍孙中山、同盟会以及华兴会的政治主张和革命活动。1908 年 7 月 29 日起开始刊载康有为起草的《中华帝国宪政会联合海外二百埠侨民公上请愿书》，倡言"归政""迁都""开国会"等，被军机处以"词意狂悖，殊足扰乱大局，妨害公安"等罪名电令查禁。1908 年 8 月 13 日终刊，共出 149 号。《江汉日报》以插画、小说揭露社会，讽刺时政，宣传反帝反清革命思想，追求民主共和制度，为辛亥革命制造了有利的革命舆论。

辛亥革命武昌起义纪念馆收藏有 1908 年 4 月 3 日、5 月 30 日、5 月 31 日、6 月 7 日、6 月 8 日、6 月 9 日、6 月 11 日、6 月 17 日、6 月 19 日、7 月 29 日、7 月 31 日、8 月 11 日、8 月 13 日发行的《江汉日报》。其中最珍贵的是 7 月 29 日版，这正是刊载《中华帝国宪政会联合海外二百埠侨民公上请愿书》的第一日，具有很高的历史研究价值和史料价值。

1985 年，华中师范大学历史系刘望龄教授将上述报纸捐赠予辛亥革命武昌起义纪念馆。

撰稿：袁磊

○《国是》报

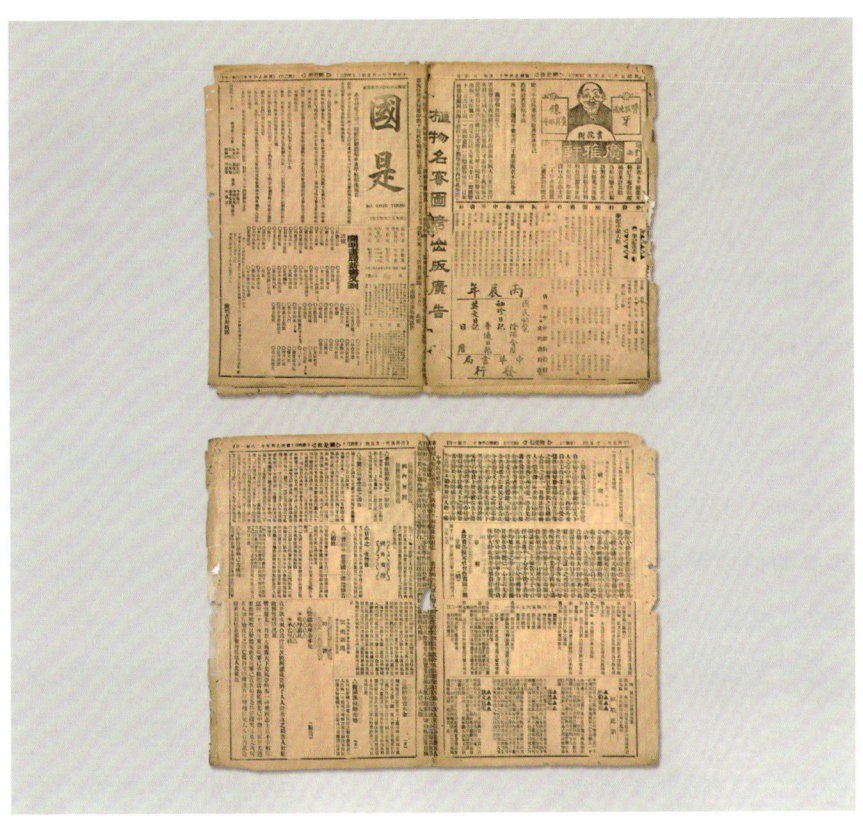

　　1916年1月5日至2月24日《国是》报,三级文物。共31期,日期相连,中华民国时期云南发行的地方日报。单张纵46厘米,横66厘米。本报为云南官印局印刷发行,"日出张半",即每期一张半,共六个版面,"星期及纪念节气停刊"。第一版、第二版多为各类广告,第三版、第四版有"社说""公牍""文告""国内要闻""国外要闻""云南新闻""时评"等栏目,与时事关联紧密。第五版、第六版包括各种民生新闻、小说节选、文苑、译述、笔记等版块。

1915年下半年，袁世凯帝制自为的活动达到了高潮，全国各地的反袁声浪日益高涨。第31期《国是》报发行的时间，正值云南举义讨袁、护国战争爆发的初期，它站在反袁护国的立场报道时事，讨伐袁世凯，宣传民主共和思想。

《国是》报利用舆论武器，积极反袁，主要表现在三个方面：

一是及时报道云南官方反袁举措。《国是》报利用大量版面刊登云南都督府文告、公牍、通电、重大新闻等文章，向读者传达云南官方反袁动态。多期报刊发布中华民国云南都督唐"文告"，陈述袁世凯窃国行径，宣布云南官方与袁对立的决心；发布各地反袁"通电""公牍"等，通报护国起义进展。这些内容让民众充分知晓国内护国运动形势，了解政府各种反袁举措。

二是大量报道广大民众支持护国起义的活动。如1916年1月6日第五版刊文《众国民之共和热》，表达民众热烈拥护共和的爱国热情；1916年1月7日第四版刊文《退伍兵投效之踊跃》，描绘了广大民众踊跃参加护国军的情形；又如，1916年2月1日第五版刊文《华侨捐款陆续抵滇》表现了爱国人士纷纷解囊，捐助政府积极护国的社会现状。

三是新闻舆论造势鼓吹共和。《国是》报每期都刊发"时评""社说"等栏目，舆论造势，将民主共和、正义必胜的观念植根于广大人民群众心中。如1916年1月8日和10日第三版连载社说《论袁世凯有必亡之道》，1月17日和18日第三版连载社说《论拥护共和为五大民族共同之责任》，这些文字都在向民众传递着正义必胜、袁逆必亡的信心，让共和观念深入人心。

《国是》报具有较高的史料价值，2002年从汉口居仁路收藏市场购买，现藏于辛亥革命武昌起义纪念馆。

撰稿：蒲依

○《大汉报》

《大汉报》,一级文物。辛亥革命时期知名的革命报纸。纵55.5厘米,横63厘米。该报是武昌起义成功后,胡石庵等为声援起义、鼓舞军心民心,于1911年10月15日在汉口创办的,采用黄帝纪元,用油光纸单面印刷。设"论说""时评""要件""军政府紧要新闻""阳夏纪事"等十余栏目,期望"以言论造成民国,鼓吹共和"。最初由胡石庵一人创作编校,每日发行一小张,后来由张云渊、倪琴舫、颜觐棠等协助编辑,日出三大张,最高日销量逾三万份。

胡石庵（1879—1926），原名人杰，又名金门，湖北天门人。清末民初著名的革命志士、文人和报人。1898年赴北京，与谭嗣同交好，戊戌变法失败后，回武昌，肄业经心书院，1900年参与唐才常领导的"自立军"运动。1904年襄助刘静庵、吕大森等组织科学补习所。1910年，集资在汉口歆生路创办"大成汉记印刷公司"，出版革命书籍，编印白话小说、报纸，宣扬种族主义。革命党人所办《江汉日报》《大江报》皆赖其所办公司印刷发行，公司成为革命党人联络点。后主要从事撰文、办报活动，直至1926年10月去世。

武昌起义后，《大汉报》以中华民国军政府和大总统孙中山名义发布檄文，声讨清政府，并率先报道武昌起义，影响巨大。袁世凯任临时大总统后，《大汉报》反对其独裁专制，1914年3月，因揭露段芝贵拟买名伶献给袁世凯长子袁克定的丑闻，《大汉报》遭查封，胡石庵入狱。1916年5月，胡石庵召集原班人马，重组《大汉报》，易名《天声报》，用激烈言论抨击袁世凯政府，12月恢复《大汉报》之名。"府院之争"后，黎元洪与段祺瑞争权夺利，国无宁日，《大汉报》曾发文予以抨击。1924年，国共合作发起国民革命，《大汉报》对革命军表示欢迎。1926年，《大汉报》停刊。

《大汉报》作为武昌起义后第一家革命报纸，对稳定时局、鼓舞士气和壮大革命形势起了积极作用。革命党对其予以高度评价，称"胡石庵一支笔，胜过吾辈三千毛瑟枪"；黎元洪手书"赤手回澜"四字匾额嘉奖；各界人士以"民国首功"赞誉。西方多家报刊载文评说：英国《泰晤士报》称其为"湖北首领报""民国之第一张报纸"；法国《少年报》称其为"革命后之第一出版物"。此张《大汉报》为创刊次日（1911年10月16日）发行，载有《敬告军政府》《中华民国军政府布告全国文》及光复后武汉三镇动态等内容，直接反映了武昌起义后的情形。该张报纸由湖北省博物馆移交给辛亥革命武昌起义纪念馆入藏。

撰稿：董芙蓉

八、杂 件

辛亥武昌首义文物

辛亥武昌首义文物

○严守中立布告照

　　严守中立布告照，一级文物。纸板照片。纵32.5厘米，横39.5厘米。正文是驻汉的英、俄、法、德、日五国领事关于严守中立的布告，从右至左竖行书写，共10行。布告照四周有共进会会员、摄影师李白贞题款。照片衬板右下角有"荣昌照相"字样及李白贞印章。

武昌起义爆发后，为争取列强的外交支持，鄂军都督府即以东京同盟会草拟的革命政府对外照会为蓝本，稍加变通，分送驻汉的英、俄、法、德、日领事馆。1911年10月18日，驻汉的英、俄、法、德、日领事发布会衔布告，宣布遵守国际公法，严守中立，承认民军为交战团体。布告全文如下：

驻汉英、俄、法、德、日领事为布告严守中立事：现值中国政府与中国民国军互起战争。查国际公法：无论何国政府与其国民开战，该国国内法管辖之事，其驻在该国之外国人，无干涉权，并应严守中立，不得藏匿两有关系之职守者，亦不得辅助何方面之状态。据此，本领事等自严守中立，并照租界规则，不准携带军械之武装人在租界内发现，及在租界内储匿各式军械及炸药等事。此系本领事等遵守公法、敦结交谊上应尽之天职。为此恺切布告，希望中国无论何项官民，辅助本领事等遵守，达其目的，则本领事等幸甚，中国幸甚。谨此布告。

西历一千九百十一年十月十八号

武昌起义爆发后，英、俄等国较快作出"严守中立"的决定，主要基于如下原因：一是湖北革命党人提出的推翻帝制、建立共和的政治主张，切合世界潮流和列强各国的价值观。二是鄂军都督府采取了成功的外交策略，既承认列强的既得利益，又严正要求，自都督府成立之日起，列强各国必须以都督府为唯一的外交对象，自此以后列强各国与清政府新订的任何条约，鄂军都督府概不承认。列强各国的既得利益得到了暂时保证，无实际损失。三是革命形势如火如荼，迅猛发展，湖北各属纷纷独立，全国各省的独立也在酝酿之中。

虽然这是革命形势迫使列强作出的外交姿态，也是各国为了自己的在华切身利益而采取的权宜之策。但中立布告反映了辛亥革命武昌起义后列强各国对华外交政策的转变，是鄂军都督府取得的重大外交成果，在近代中西交往史上占有重要的历史地位，客观上有利于扩大武昌起义的影响和促进革命形势的迅速发展，处于观望中的各省也因此加快了独立步伐。

布告照的拍摄者李白贞（1886—1966），湖北黄陂人。1911年夏加入共进会，武昌起义前在汉口歆生路（今江汉路）开设荣昌照相馆，辅助刘公、孙武密谋革命。阳夏保卫战中拍摄者在作战地摄影，留下了许多珍贵的照片。

该照片1990年由湖北省博物馆移交给辛亥革命武昌起义纪念馆。

撰稿：袁磊

○ 黄陂民间艺人创作的辛亥革命年画木雕印版

　　黄陂民间艺人创作的辛亥革命年画木雕印版，二级文物。木质。纵63厘米，横22厘米，厚3.5厘米。

雕版正、反两面共有 6 幅图画，分别描述了有关辛亥革命的几件重要史事。版画正面上端刻有"开国孙黄黎都督"的字样，表明民主革命先行者孙中山、辛亥革命领袖黄兴以及湖北都督黎元洪在开创民国中的历史地位和作用。下面三幅画面连续性地描绘阳夏战争中刘家庙大战的史实。第一幅画面上端横书"汉军在刘家庙大战北兵得胜，在洋街六国恭贺"。画面上生动地反映了革命军肩扛长枪，威武雄壮，广大群众扬眉吐气，甚至部分外国侨民也为胜利欢呼的场景。第二幅画描述了阳夏保卫战汉口战役中两军对垒的战斗场面，既有民军战时总司令黄兴和敢死队长徐兆斌的英姿，也有镇压革命的清陆军大臣荫昌的丑态。画面上"北军共死三千五百人"的记载，与有关史料基本相符，而"伤汉军数百人"的数字要比实际的小。这表明了版画作者的爱憎和人心向背。第三幅画记录了革命军惩处内奸张景良、罗家炎的情景。

版画背面上端刻有"扫尽满奴去旧仇"的字样，表明了辛亥革命的宗旨。下面三幅图画分别描绘"蓝天蔚大战山海关""宣统退印归汉"与"孙中山访鄂"等历史事件。第一幅画表现了蓝天蔚、王怀庆领导的革命军与东北赵利生（又名赵尔巽）、张作霖为首的清军在山海关外激战的情景，有趣的是作者创作了"刘德胜从飞机投放炸弹损北兵无数"的情节，以浪漫主义的手法刻绘了一架当时国内尚无的"四轮飞机"，表达了革命军民期盼用先进武器歼灭清军的迫切愿望。第二幅画反映了武昌起义后，各省响应，清帝被迫于 1912 年 2 月 12 日正式宣布退位的历史场面。第三幅画则是记录了孙中山 1912 年 2 月辞去临时大总统职务，在鄂军都督黎元洪的邀请下访问湖北，当湖北各界人士在武昌汉阳门排队相迎的盛况。

这种以辛亥革命历史为题材的民间年画木雕印版，以一种独特的方式记载了历史，热情讴歌和宣传了这场伟大的革命，反映出辛亥革命给社会带来的巨大影响，既可以算得上是共和纪念文物，又是辛亥革命的历史见证物，具有很高的历史价值。此外雕版刀法古朴流畅，白描线条清晰自然，人物造型简洁明快，主题鲜明突出，是目前所遗存的罕见的民初湖北黄陂传统民间工艺代表作品之一，在中国雕版印刷史及民间绘画艺术史上也具有一定的艺术和研究价值。

1979年湖北黄陂县农民陈世泉将该木雕印版捐赠予湖北省博物馆，1990年该馆将其移交给辛亥革命武昌起义纪念馆。

撰稿：袁磊

○ 黄兴读书时用过的镇尺、笔架、端砚

　　1898—1902 年间黄兴在武昌两湖书院读书时曾经使用过的镇尺、笔架、端砚，三级文物。镇尺，铜质，长 18.6 厘米，宽 2.7 厘米，厚 0.4 厘米；笔架，石质，长 9 厘米，高 7.5 厘米，厚 3.5 厘米；砚台，石质，长 17.5 厘米，宽 11 厘米，厚 3.8 厘米。

黄兴（1874—1916），近代民主革命家。1893年入长沙城南书院，1898年选调武昌两湖书院深造。

黄兴曾就读的两湖书院是湖广总督张之洞于1890年4月在武昌创设的新式学堂。学生名额240名，湖北、湖南省籍各100名，由两省学政从诸生中调取；因湘、鄂两省茶商捐资建院，另立商籍40名。学院课程分经学、史学、理学、文学等。各课延聘名师分教，杨守敬、华蘅芳、沈曾植、易顺鼎、杨锐、汪康年、姚晋圻、周树模、陈三立、屠寄、邹代钧等学者及名流曾先后任教该院。书院学制定为5年，学完之后，合格者择优咨送请奖录用，不合格者令其归家，部分优秀学生还由官费送出国深造。

在两湖书院读书期间，黄兴已逐渐意识到要想救国，仅仅读书是不够的。1901年曾作笔墨铭抒怀，笔铭："朝作书，暮作书，雕虫篆刻胡为乎？投笔亦为大丈夫！"墨铭："墨磨日短，人磨日老。寸阴是竞，尺璧勿宝。"从中可以看出黄兴珍惜时光，立志改造社会和日益趋向革命的思想变化。这三件文具中，镇尺采用了立体的黄鼠狼造型，取"黄书郎"谐音，栩栩如生；笔架为三峰山形，中峰略高，两侧山峰渐次，峰形较为随意；砚台是属于四大名砚之首的端砚，配有木盖，砚台正面下方雕刻有对称的"云龙"图案，整个图案通过线条表现赋予其生命力，非常有动感。这三件物品是黄兴早期在武昌两湖书院求学的重要历史物证，具有很高的历史价值和收藏价值。

黄兴在武昌两湖书院读书时曾经使用过的镇尺、笔架、端砚原为黄兴长子黄一欧保存，后传给长孙黄伟民，1994年黄伟民将其捐赠予辛亥革命武昌起义纪念馆。

撰稿：袁磊

辛亥武昌首义文物

○黄兴穿过的呢子睡衣

　　黄兴穿过的呢子睡衣，一级文物。呢制，为墨绿底、红色格纹，圆翻领、双排纽扣开襟，用黄色丝线镶边，扣子为黑色圆形扁扣。睡衣腰带由黄色丝线编织而成，两端有流苏穗子。此件睡衣是黄兴1902—1903年间第二次留学日本时所购买，此后一直伴随身边。此件睡衣历经了黄兴在日本学习西方先进技术、开展革命斗争的经历，见证了黄兴民主革命思想的形成。

黄兴在湖北两湖书院读书期间，因为读了一些西方先进书籍，已萌发了民主共和思想。到日本后，他亲眼看到了日本因社会变革而带来的巨大进步，广泛接触到西方的民主思想，眼界为之大开。由此，他的民主革命思想正式形成，并决心为在中国实现民主共和奋斗终生。

　　1904年11月末至1905年11月，黄兴因长沙起义失败流亡日本。在日期间，配合孙中山创建了全国性革命团体中国同盟会，主办了宣传革命的中国同盟会机关报《民报》，策划在国内各地发动反清起义。中国同盟会的建立实现了全国革命力量的大联合，革命组织得到大发展，为革命在全国的胜利奠定了良好的组织基础。自从中国同盟会成立起，黄兴即把策划武装反清起义作为主要任务。他与会员们一起组织筹款购械、招募退役军人、开办军事学校、聘请外国教官、研制炸弹武器，策划国内各地武装反清斗争。这件睡衣伴随着黄兴十余年，可以说除军装（现藏于湖南省博物馆）外，是黄兴生前穿得最多的服装之一，见证了黄兴的革命历程，黄兴十分爱护，保存良好，具有极其重要的历史价值和纪念意义。

　　该睡衣现藏于辛亥革命博物馆。

撰稿：尤海

—— 辛亥武昌首义文物

○黄兴为叶于兰题"城南医院"木匾

　　黄兴为叶于兰题"城南医院"木匾，二级文物。民国初年牌匾，木质。横155.5厘米，纵41厘米，厚2.3厘米。木匾黑底贴金凸字，从右至左书"城南医院"四个字，落款为"黄兴题"，旁有两个印章，依稀可辨"黄兴之印""克强所作"。

叶于兰（1877—1928），名崇德，字润民，湖北江夏（今武昌）人。早年入武昌两湖书院，后以优异成绩官费留学日本，入熊本医学专科学校，获医学学士学位。留学期间，结识孙中山、黄兴，1906年加入中国同盟会，从事"反清"革命。1911年参加了武昌起义，翌年任湖北省临时议会议员、湖北革命实录馆义务调查、总统府顾问官与内务部佥事等职。1928年12月病逝。

城南医院是叶于兰在北京创办的一家私人医院，创办时间大约是1912年至1916年11月间，因位于北京城南，故名"城南医院"，创办时黄兴为医院题写了匾额。

这块木匾是叶于兰创办"城南医院"的重要历史物证，有助于了解叶于兰的生平事迹。同时作为黄兴的手迹，也具有较高的历史价值和收藏价值。1992年叶于兰长子叶先念、孙女婿顾伯其将其捐赠予辛亥革命武昌起义纪念馆。

撰稿：袁磊

○黎元洪赠鲁俊英"清廉可嘉"匾额

　　黎元洪赠鲁俊英"清廉可嘉"匾额,三级文物。民国时期牌匾,木质。横173厘米,纵66.5厘米。匾额损坏较为严重,已修旧如旧,依稀可见右上方刻有"鲁君俊英正"字样,中间褐底凸字贴金,从右至左书"清廉可嘉"四个字,在"清廉"与"可嘉"中间盖有黎元洪的印章,落款阴刻"副总统领鄂都督黎元洪书"。

鲁俊英（1887—1943），字仲然，别号悟痴子，湖北麻城人。1905年考入陆军特别学堂。日知会会员。武昌起义后，任都督府会计。阳夏保卫战中曾奉命至武昌掩护炮队及赴汉口督战，后任都督府会计处长。任职会计处长期间，鲁俊英经手的经费数以万计，但他清正廉洁，勤恳敬业，所有账目清楚明了，分毫不差，深受同仁信任和赞许，副总统兼鄂军都督黎元洪特亲书此匾额相赠。

黎元洪对鲁俊英一直较为赏识，这块匾额是黎元洪为鲁俊英亲题，并送到了鲁俊英的老家麻城。该匾额是了解鲁俊英生平的重要资料，同时作为黎元洪的手迹，也具有重要的历史价值和收藏价值，可作为我们今天开展廉政教育的重要历史素材。

1984年，鲁俊英之子鲁性刚将其捐赠予辛亥革命武昌起义纪念馆。

撰稿：袁磊

辛亥武昌首义文物

○黄祯祥血衣

　　黄祯祥血衣,系 1911 年阳夏战争刘家庙战斗中民军敢死队队长黄祯祥所着上衣,一级文物。毛呢面,缎里,西服样式。衣长 71 厘米,胸围 90 厘米。左肩部有一枪眼,右袖上有一被划破的开口,两袖均有丝线绣字。左袖上绣着:"九月初六日(10 月 27 日)敌人攻刘家庙,枪伤左肩之纪念";右袖上绣着:"初七日(10 月 28 日)与敌大战,抢炮三尊,敌炮如雨,打断右膀。今共和成立以作纪念"。

武昌起义爆发后，清政府立即从水、陆两路派兵镇压，陆军先后由荫昌、袁世凯率领，沿京汉铁路南下，设司令部于孝感。水路由海军提督萨镇冰率领，从吴淞口溯江而上。为保卫首义成果，革命军与清军展开了艰苦卓绝的阳夏保卫战，史称阳夏战争，阳指汉阳，夏指汉口，当时称为夏口。

黄祯祥，字伯生，四川雅安人，中国同盟会会员。1906年，因参加萍浏醴起义而被捕入狱。1911年10月10日，武昌起义爆发，从南京监狱出狱后，立即赶赴汉口前线参加了痛击清军、保卫武汉的刘家庙战役。身为敢死队队长，在战斗中，英勇顽强，两次身负重伤，血染戎装，仍率部坚持奋战，竭尽全力阻击清军，使清军无法立足，向三道桥退却，革命军占领刘家庙。刘家庙战役首战告捷，极大地鼓舞了革命军民的士气。当年的《申报》十月廿日（12月10日）对黄祯祥曾有这样的报道："黄祯祥九月初间被炮中，伤左臂，于赤十字会医院疗伤，闻汉阳耗，披衣而出，至都督府请战。"战后，黄祯祥保留血衣，并绣字以作纪念。阳夏战争是辛亥革命时期著名的战役，历时四十余日，武汉军民付出了一万多人的牺牲，把清军主力军牢牢吸引在武汉前线，为各省独立赢得了宝贵时间。

黄祯祥血衣真切地记录了革命军将士为捍卫武昌首义胜利成果而英勇奋战，不惜抛头颅、洒热血、舍生忘死的大无畏精神，是辛亥革命阳夏保卫战的重要历史物证。

该血衣在黄祯祥去世后由其夫人保存，后传给其长子，继而由其长孙罗元骅收藏。1980年罗元骅将其捐赠予湖北省博物馆，1981年该馆将其移交给辛亥革命武昌起义纪念馆。

撰稿：袁磊

辛亥武昌首义文物

○张难先砚台

　　张难先砚台，三级文物。民国砚台，1948年制作。砖质。砚台形状较为不规则，上配有木盖，木盖内侧有张难先关于砚台来历的手迹，依稀可见"此砚为十七年武昌拆城出□之。吾见其有沔阳州三字，异之。考知明初楚王建藩，为吾州□之砖，故有沔阳州三字，制为砚，亦爱乡。难先"字样。砚台下侧有"沔阳州"三字，右侧有"武昌城砖，卅七年六月制"。可知该砚台是张难先采用武昌古城墙的砖制作而成的。

张难先（1874—1968），亦名辉澧，号义痴。湖北沔阳（今仙桃）人。1904年投湖北新军第八镇工程营当兵，以运动新军。张难先参与创立革命团体。1907年他参与日知会活动，谋响应萍浏醴起义，事泄被捕入狱，后因病保释。武昌起义爆发后，赶赴武汉，参加阳夏保卫战，协助李亚东守汉阳。不久被安襄郧荆招讨使季雨霖聘为顾问，随军北伐，巩固了辛亥革命的成果。新中国成立后，历任政协委员和中央人民政府委员，监察委员，中南军政委员会副主席，全国人大第一、第二、第三届常委会委员等职。1968年去世。著有《义痴六十自述》《湖北革命知之录》等。

武昌城始于东吴年间，但基本定型是在明朝初年。朱元璋分封藩王于全国要冲，其中立第六子朱桢为楚王，驻藩武昌。当年在扩建武昌城时，需要用大量的砖，与武昌城有关的各府、州、县都派有烧砖任务。为了确保城砖的质量，每块城砖上都留下了各级监造官员和窑户的姓名。该城砖即为"沔阳州"烧制而成。

1926年10月，国民革命军北伐，攻克武昌城后，湖北省政务委员会作出了拆除武昌城垣的决定。至1929年6月，武昌城墙被全部拆除，大量的城墙砖被老百姓或捡或买，用于战后重建家园。该砚台便是用其中的一块城砖制作而成，当时张难先看到该城砖上有"沔阳州"三字，便珍藏起来制作成砚台。

该砚台一直陪伴在张难先身边，它不仅见证了武昌城的历史，也寄托着张难先对家乡沔阳的深情厚意，具有较高的历史价值和收藏价值。

该砖砚1985年由张难先孙女张铭理捐赠予辛亥革命武昌起义纪念馆。

撰稿：董芙蓉

○蓝天蔚使用的皮箱

　　蓝天蔚使用的皮箱，三级文物。手提式，牛皮面，内镶铁圈。长66厘米，宽42厘米，高21厘米。八角铆钉。皮箱正面烙印蓝天蔚英文名缩写"L.T.W"字样。

蓝天蔚（1878—1921），湖北黄陂人。晚清民国时期著名军事将领、民主革命家。1878年出生于黄陂蓝家大塆，幼读诗书，少有大志，酷爱军事。1897年入湖北武备学堂。1899年，官派日本留学，1902年毕业于日本士官学校工兵科。在校期间，成绩优异，与吴禄贞、张绍曾并称为"士官三杰"。1902年参与创办《湖北学生界》，1903年与钮永建等一起发起组织"拒俄义勇队"，任队长，后遭镇压被迫解散。1904年回国，曾任武昌高等学堂、湖北将弁学堂教习。1907年，任湖北新军第八镇第三十二标统带兼湖北督练公所参谋。1909年，再次赴日考察军事，入日本陆军大学。1910年回国，被任命为陆军第二混成协统领，驻奉天（今沈阳）。武昌起义后，与张绍曾等联合向清廷奏呈主张立宪的"政纲十二条"，发动"滦州兵谏"，促使清政府颁布立宪十九信条。与吴禄贞等密谋起兵，推翻清廷，后因吴禄贞被暗杀而失败。1912年1月，孙中山组织六路北伐军，任命其为关外都督兼北伐第二军总司令，统率海陆军，进驻烟台，鼓舞了东北和山东革命党人的士气。南北议和告成后辞职，出国游历。1914年回国，授以勋四位。1916年袁世凯复辟帝制，奉孙中山命在绵县、绥中等处起事反袁，被通缉。后又暗助南方护法军政府。1921年组鄂西靖国联军，任总司令，向北洋军阀孙传芳发起攻击，兵败，退入湖南，又转入四川，被川军所俘，后以手枪自戕（一说被川军杀害）。

1922年，蓝天蔚被中华民国北京政府追赠为陆军上将。1926年，蓝天蔚的灵柩归葬武昌卓刀泉伏虎山，章太炎为之题写墓表。蓝天蔚身处风云变幻的晚清民国时期，他以戎伍为途径，以报国为初心，随时势而起，为时势所灭，其一生凸显了近代中国热血报国青年的坎坷际遇，也映衬出了那个波谲云诡的动荡年代。

该皮箱为英国德鲁父子公司（DREW & SONS.PICCADILLY

CIRCUS）产品。该公司位于英国伦敦皮卡迪里广场，自1887年营运，1914年关闭。结合蓝天蔚生平及其家属自述，该皮箱应为1912—1914年蓝天蔚游历欧美间所购，并随身携带。蓝天蔚去世后，皮箱即由其遗孀邓观智保管使用，经多年辗转颠沛，历其独女蓝晓蔚，复传于其外甥蓝煜。该皮箱历经百年，传承有序，铭文清晰，见证了蓝天蔚的戎马生涯，有较高的历史价值，是一件十分珍贵的辛亥革命文物。

2010年蓝煜将其捐赠予辛亥革命武昌起义纪念馆。

撰稿：董芙蓉

○ 中华民国陆军部待发行的一元军事用票式样

中华民国陆军部待发行的一元军事用票式样，三级文物。横 11.1 厘米，纵 6.7 厘米。证券纸，平版印刷。钞票正面未印，背面印有陆军部中、英文告示："陆军部令：此券准其凭额完纳租税，购买物品，凡各省官用、公用及一切商业均得流通，暂时不兑现银，俟军事一律平定，六个月后由国家银行兑换。如有无知商民借端阻滞，均应按律治罪，伪造者以私铸论，此令。中华民国元年元月　日"。四角印有面值"壹"或"1"，底部列明"上海商务印书馆代印"。

《中国军用票图录》刊有该钞票正面图片：正中为九角十八星旗和五色旗交叉的双旗图案。双旗上方印有"军事用票"，下方印有"壹圆"，左侧印有"陆军部发行"，右侧印有"中华民国元年元月 日"。

南京临时政府成立不久，南北尚未统一，军费支出繁重。为筹措军费，陆军部委托上海商务印书馆于1912年印刷发行军事用票，面额有壹圆、伍圆。在中央银行设立以前，军事用票作为临时货币在军民中流通。为维护新钞信用，避免挤兑风潮，陆军部和南京商务总会皆设兑换处，随时兑换小额银钱。

1912年2月，南京临时政府公报登载陆军部告示："照得兑换所之设，因军票发行流通市面，特恐资本最小之商，往往以一、二元细数，难资周转。本部为体恤小商，维持市面起见，特设此所，凡尔军民人等，如持军票来所兑换现洋者，以二元为限。每日自早晨八点钟起至下午四点钟止，在本所兑换。倘敢不遵此限制，定即严惩不贷。此示仰阖城军民人等一体周知，其各凛遵毋违。特示。"商会亦设兑换处，为避免重复兑换，陆军部同日另告："照得本部发给各营队军用钞票，并经设立兑换所，以资兑换，并出示晓谕在案。资据商务总会呈称，中央银行迄未开市，已暂由该会设立临时兑换所，以维市面等因前来。查该会所设兑换处，专以维持市面而设。为此出示晓谕各军队人等，既有本部兑换所可以兑现，毋得持多票往该处换兑，以资纷扰。其各凛遵务违。切切，此示。"

从六个月内不得兑换，到即时限额兑换（以二元为限），可见南京临时政府成立初期财政困窘，却又竭力维持军事用票信用的艰难处境。该军事用票是研究民国金融货币史的重要资料，徐州市范作民于1986年捐赠予辛亥革命武昌起义纪念馆。

撰稿：黄婧

○ 放足牌

放足牌，三级文物。铜质，椭圆形。长轴4厘米，短轴2.6厘米。正中镌刻"不娶缠脚女"，背面镌刻"永宁囗尹给"，有磨损痕迹。顶部有一圆形挂孔。

缠足是中国古代一种陋习，上至官宦人家，下至平民百姓，几乎所有汉族女性都会通过塑造脚型，迎合社会病态审美观。明清时期，缠足的趋势也蔓延至满族、回族等少数民族妇女。缠足、蓄辫和抽大烟被进步人士视作封建社会的三大产物。

反缠足运动则伴随资产阶级民主思想的传入，在清末民国对"小脚"审美形成有力冲击。19世纪末，维新派人士康有为、梁启超、谭嗣同等人在广州、上海、湖南发起成立不缠足会。其中，《湖南不缠足会嫁娶章程》明确提出："本会所以立会之旨，原为同会之人互通婚姻，不致以不缠足之故，为世俗所弃。"在维新思想的推动下，四川、福建、江苏、澳门多地纷纷成立了不缠足总会及分会。

20世纪初，反缠足运动在清政府主导、地方督抚实施下进一步发展。1902年慈禧太后颁布谕旨称："至汉人妇女，率多缠足，行之已久，有乖造物之和，此后缙绅之家，务当婉切劝谕，使之家喻户晓，以期渐除积习……"谕旨一出，直隶总督袁世凯、四川总督岑春煊、湖广总督张之洞皆在地方上撰文宣传，委婉劝诫妇女勿要缠足。

辛亥革命以后，反缠足运动继续深化。1912年中华民国临时大总统孙中山颁布严禁缠足的通告后，各省相继将违禁行为纳入法规，严加惩罚。同年，蜀军镇抚府（原蜀军军政府）奉行孙氏通告时，在当地谕令"限三个月内，所有缠足妇女，一律勒令解放"，警告违令者将严厉惩罚，并"罚及家属"。1917年阎锡山在山西以行政禁令的方式推行禁缠足运动，利用各县成立的天足会，对违反《严禁缠足条例》的女性给予经济处罚。1933年淮北地方政府颁布法令："以三个月为解放完毕之期，惟恐灶民性习冥顽，并严加警戒，届期倘查圩下，仍有缠足幼女，定当查明其家长，勒令解放，不从则科以革除灶籍之处分。"1940年四川省政府发布了《为准函以强迫未满十六岁女子缠足自应构成刑法286

条一项之罪饬知照事的训令》。至中华人民共和国成立，缠足的风俗才彻底退出了历史舞台。

"永宁"地名，历史上屡见重名。四川叙永、贵州关岭、山西离石、广西永福、云南宁蒗都曾设"永宁州"。至于"永宁"县，则更为常见。放足牌上的"永宁"所属何处，虽无从考证，但它见证了政府对缠足从委婉劝诫到令行禁止的转变，反映了国民解放"小脚"、扫除陋习的坚定决心。该文物2016年5月收购于湖南文物总店，现藏于辛亥革命武昌起义纪念馆。

撰稿：黄婧

辛亥武昌首义文物

○小平板照准仪

　　小平板照准仪，三级文物。金属、木复合材质测绘工具。展开长 28.7 厘米，宽 3.8 厘米，高 14.5 厘米。小平板照准仪主要用于小面积大比例尺的地形图或平面图的测绘。照准仪是小平板仪中的一个构件，用来瞄准方向。它由舰孔板、直尺、分划板组成，舰孔和分划板用来找准绘图目标，直尺可描绘方向线。直尺附有水准管，用以找平。把照准器放置平板上，当水准管中的气泡在任意位置都居中时，说明平板处于水平位置。此文物分划板上的照准丝已缺失。

这件文物是辛亥革命志士罗锦的遗物。罗锦早年就读于湖北陆军测绘学堂，1911年参加武昌起义，被编成学生军，担任鄂军都督府保卫及起义后的社会治安工作。民国时期，罗锦从事测绘工作，1957年逝世。

湖北陆军测绘学堂的前身，可追溯至1896年张之洞开办的湖北武备学堂。该学堂开设有测量、测绘地图和测量演习等专业。1906年在学堂原址上兴办了湖北陆军小学堂，包含陆军、海军、测绘、经理、军医5个班，其后改为湖北陆军测绘学堂。测绘学生们受《革命军》《猛回头》《警世钟》等革命读物的熏陶，不少人加入了中国同盟会、文学社、共进会等革命团体。武昌起义爆发时，很多测绘学堂学生参加了起义。1911年10月10日，工程营发难的枪声四起，测绘学生一路进攻楚望台军械库，分发枪械，而后守卫中和门至通湘门一带，掩护蛇山炮兵阵地的战斗。武昌起义后，清军反扑，测绘学生们积极参与阳夏保卫战。

10月16日，鄂军都督府成立测绘部，以朱次安为部长、徐士安为副部长，成员为测绘学堂的学生。在阳夏战争中，测绘部施测了长江南岸上自金口，下至鄂城，长江北岸上自大军山，下至黄州以及汉江线新沟、蔡甸一带的地形图，以备战事之需。此外，测绘学生们还奔赴前线，发起组织中华民国鄂军敢死队，攻守磨子山、扁担山等阵地。

这件小平板照准仪是学生军参加武昌起义的物证，尤显珍贵。2015年3月向罗锦外孙罗力生、外孙女童晓晋征集，现藏于辛亥革命武昌起义纪念馆。

撰稿：黄婧

○中华民国临时副总统海陆军大元帅兼鄂都督黎公文袋

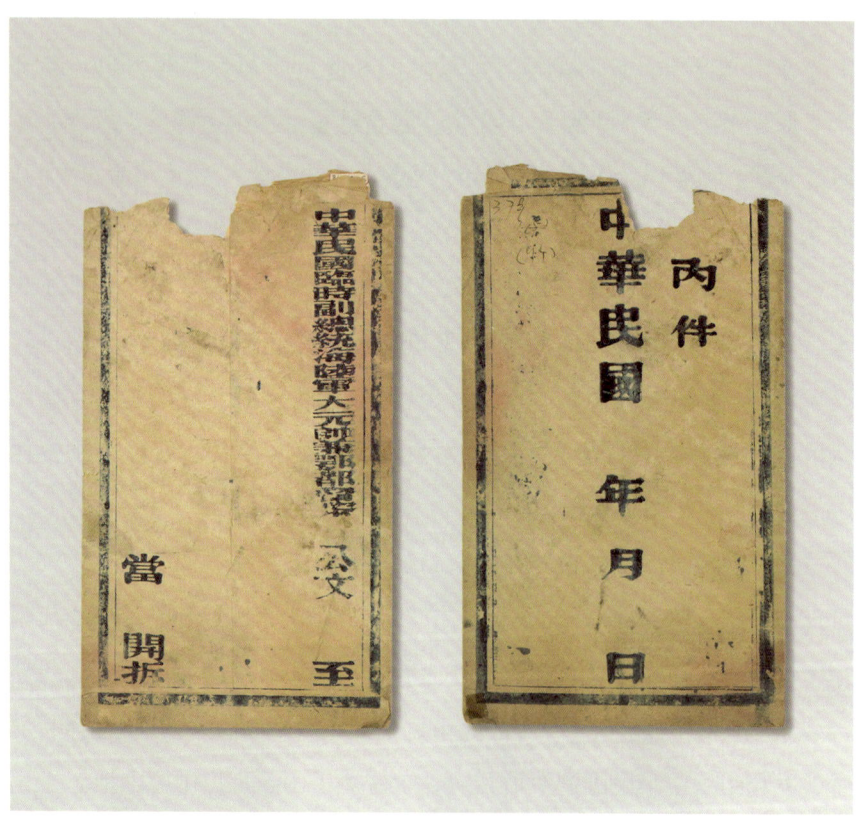

中华民国临时副总统海陆军大元帅兼鄂都督黎公文袋,三级文物。纸质,纵29厘米,横16.8厘米,上部有缺损。公文袋为暗黄色纸,袋上印蓝色字。第一面第一列居右印字"中华民国临时副总统海陆军大元帅兼鄂都督黎 公文至",第二列居左印字"当 开拆",另一面第一列居右印字"内件",第二列居中印字"中华民国 年 月 日",公文袋除两面所印程式性蓝色文字外,并无其他添加文字,所以,此袋为未使用过的公文袋。

公文袋上所印"中华民国临时副总统海陆军大元帅兼鄂都督黎"为黎元洪。黎元洪（1864—1928），字宋卿，湖北黄陂人。光绪九年（1883年）入天津北洋水师学堂学习，毕业后入北洋水师服役七年，后投时署两江总督的张之洞，助张氏操练自强军，被委管带（营长）。1896年随张至鄂，参与建立湖北新军，曾三次赴日本考察军事，任第二镇统制。湖北新军定编一镇一混成协后，改任第二十一混成协（相当于独立旅）统领，是仅次于第八镇统制张彪的湖北新军第二号高级军官。1911年武昌起义爆发，黎被革命党人推举为鄂军都督府都督。1911年12月12日，被各省代表会议推为大元帅。1912年中华民国临时政府成立，黎被选为临时副总统兼鄂都督。1913年10月7日，当选为副总统。曾与孙武、刘成禺等成立民社，以与同盟会抗衡。1912年至1913年，勾结袁世凯杀害武昌起义元勋张振武、镇压湖北反黎斗争。1913年"宋案"发生后，支持袁世凯镇压"二次革命"。1916年袁世凯死后曾两度出任大总统。晚年绝意政治，致力于实业投资。1928年6月3日因脑溢血病逝于天津。

根据黎元洪的履历，其同时集临时副总统、大元帅、鄂都督三个头衔为一身的时期为1912年1月至1912年2月，由此推断，该公文袋是黎于此时期在鄂军都督府办公时印发和使用的。

按照中华民国公文袋的程式，此公文袋所印"中华民国临时副总统海陆军大元帅兼鄂都督黎"应为发文者或发文单位，一般在左列"当"字上方填写收文单位或个人的名称，"当　开拆"应为公文袋上提醒收文者或他人不随意拆开公文的特定用语，如"当堂开拆"。公文袋另一面的"内　件"，一般写明袋中装几件文书，如"内一件"。居中填写好具体的发文年份和日期。正规发出的公文袋，还应盖发文单位公章，在公文袋封口处盖骑缝章。

该公文袋为湖北省博物馆移交给辛亥革命武昌起义纪念馆入藏。

撰稿：蒲依

辛亥武昌首义文物

○ "汉阳造"步枪

"汉阳造"步枪，近代步兵武器，三级文物。口径7.9毫米，枪身全长为125厘米，枪重4.06千克。表尺照门瞄准，弹匣容弹5发，弹仓外露，手动作业。

"汉阳造"步枪，即"八八式"步枪，俗称"老套筒"，因清政府按照德国1888式毛瑟枪为蓝本在湖北汉阳兵工厂仿制而得名。汉阳兵工厂由晚清重臣、洋务派代表人物张之洞创立。1889年张之洞调任湖广总督，大力推行新政，在汉阳龟山北麓筹建枪炮厂，1894年建成，1895年冬开工生产。

张之洞新政举措中，编练新军是重要一项，练成的清陆军第八镇和陆军第二十一混成协，由原张之洞所创建的自强军扩建，除火炮外，轻武器多由汉阳兵工厂制造。1907年清陆军部通令各省一律向汉阳兵工厂采购枪械。

1911年10月10日夜，在陆军第八镇工程第八营传出的首义枪声，即由"汉阳造"步枪所发出。武昌起义成功后，隔江而峙的汉阳率先响应，汉阳兵工厂尤为革命党人所重视。10月11日晚10时，驻汉阳的清军第四十二标第一营革命党人代表胡玉珍发动起义，推队官宋锡全为指挥官，占领兵工厂、钢药厂和龟山，接收厂工三千余人和大量枪炮弹药，并全力赶造枪械以助革命。其后该厂生产的"汉阳造"步枪多用于阳夏战争。武昌起义后，独立省份先后派出多支部队援鄂，其兵员多为徒手，武器悉取于汉阳兵工厂。因此"汉阳造"步枪是见证辛亥革命武昌起义历史的重要文物。

"汉阳造"步枪打响了辛亥革命第一枪，被誉为"中华第一枪"。该步枪为湖北省博物馆移交辛亥革命武昌起义纪念馆入藏。

撰稿：董芙蓉

/后 记/
Postscript

  《辛亥武昌首义文物》由武汉出版社和辛亥革命武昌起义纪念馆共同策划出版。

  该书收录了辛亥革命武昌起义纪念馆和辛亥革命博物馆收藏的辛亥革命珍贵文物110件。其中辛亥革命武昌起义纪念馆收藏的文物98件,辛亥革命博物馆收藏的文物12件,文物照片由两家博物馆各自提供。所收录文物的文字说明,由两家博物馆部分业务人员撰写,作者均署名于相关文物说明文稿之后。辛亥革命武昌起义纪念馆黄春华、段君峰同志负责全书文字统筹工作,李媛丽、张艳平、李邱军同志参与了文物名称及说明文字的校对工作。

  该书编写过程中,参考了《辛亥革命文物珍品》《辛亥革命辞典》《辛亥首义史》《武汉市志·军事志》等著作,特此说明。

  谨以此书纪念辛亥革命武昌起义110周年。

2021 年 3 月